아미타불 48대원

무량수경·아미타경과 정법개술(淨法槪述)

아미타불 48대원

무량수경·아미타경과 정법개술(淨法槪述)

연관스님·보정거사 번역

비움과소통

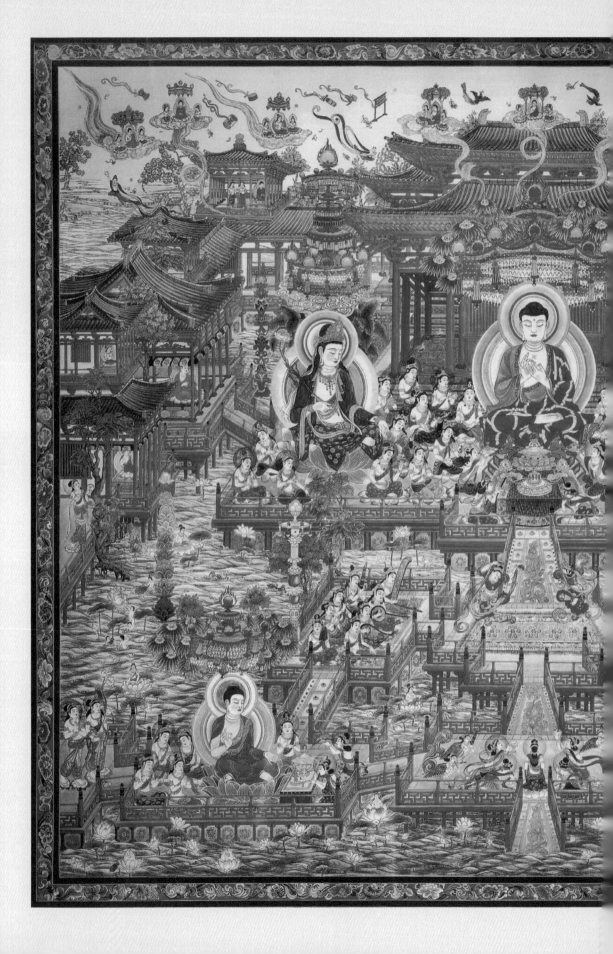

극락세계 장엄도

극락세계 접인도

아미타불 48원(四十八願)은, 아미타 부처님께서 지난 세상에서 법장비구(法藏比丘)로 수행하실 적에 세자재왕(世自在王) 부처님 처소에서 세운 서원으로서, 중생이 성불하여 교화할 이상적인 국토의 구체적인 조건 마흔여덟 가지를 세워 그것이 실현될 때라야 본인이 성불하시겠다고 세우신 원입니다.

5겁 동안 오랜 시간 갖은 고행 끝에 복과 덕이 쌓이고 쌓여 마침내 발원하셨던 극락세계(極樂世界)가 이루어지게 되었습니다. 그 낱낱 48대원의 내용은 〈불설무량수경(佛說無量壽經)〉에 들어 있습니다.

그 중 핵심적인 부분을 추려봅니다.

01. 제가 부처가 될 적에, 그 나라에 지옥과 아귀와 축생의 삼악도(三惡道)가 있다면, 저는 차라리 부처가 되지 않겠나이다.

02. 제가 부처가 될 적에, 그 나라의 중생들이 수명이 다한 뒤에 다시 삼악도에 떨어지는 일이 있다면, 저는 차라리 부처가 되지 않겠나이다.

03. 제가 부처가 될 적에, 그 나라 중생들의 몸에서 찬란한 금색 광명이 빛나지 않는다면, 저는 차라리 부처가 되지 않겠나이다.

04. 제가 부처가 될 적에, 그 나라 중생들의 모양이 한결같이 훌륭하지 않고, 잘 나고 못난이가 따로 있다면, 저는 차라리 부처가 되지 않겠나이다.

(중략)

18. 제가 부처가 될 적에, 시방 세계의 중생들이 저의 나라에 태어나고자 신심과 환희심을 내어 제 이름[아미타불]을 다만 열 번만 불러도 제 나라에 태어날 수 없다면, 저는 차라리 부처가 되지 않겠나이다.

19. 제가 부처가 될 적에, 시방 세계의 중생들이 보리심(菩提心)을 일으켜 모든 공덕을 쌓고, 지성으로 저의 불국토(佛國土)에 태어나고자 원을 세울 제, 그들의 임종시에 제가 대중들과 함께 가서 그들을 마중할 수 없다면, 저는 차라리 부처가 되지 않겠나이다.

(하략)

〈불설 무량수경〉에 나오는 아미타불[법장비구]의 48대 서원이 이미 이루어져 있습니다. 우리는 이를 굳게 믿고 부처님의 공덕을 찬양하고 수행해 나가야 하겠습니다.

처음도 끝도 알 수 없는 무량겁으로부터 육도윤회를 거치면서 지어온 업장을 끊지 못하고 오늘에 이른 우리 중생들이 이생(生)에는 반드시 이 얽히고설킨 업장을 끊어버리고 두 손 벌리고 오라 하시는 아미타 부처님 곁으로 가야 합니다!

"초대하지 않았어도 인생은 저 세상으로부터 찾아왔고, 허락하지 않아도 이 세상으로부터 떠나간다. 찾아왔던 것처럼 떠나가는데, 거기에 무슨 탄식이 있을 수 있으랴!" 하셨던 〈본생담〉의 말씀처럼 우리는 언젠가 반드시 이 세상을 떠나가야 합니다.

우리 염불행자님들은 법장비구 스님의 큰 원력으로 이루어낸 저 극락세계에 가기만 하면 퇴보하지 않는 지위[불퇴전지不退轉地]에 오르게 되며, 관세음보살님 대세지보살님 지장보살님 성문 연각 등 모든 부처님 지위에 오를 수 있는 성인들과 함께 공부하게 되니 이 얼마나 기쁜 일입니까!

아미타 부처님께서 몸소 이 오탁악세(五濁惡世)의 고통을 겪으시고 벗어나시기 위해 몸부림치시다가 원을 세워 이루신 국토, 영원히 나고 죽음이 없는 세계에서 구경(究竟)에는 부처님이 되는 지침서, 이 48대원(大願)을 깊이 새겨 함께 공부하시고 "나무아미타불" 염불 수행하여 우리 모두 금생에 꼭 반드시 극락왕생 하십시다!

〈아미타불 48대원〉을 법공양 올릴 수 있도록 힘써 함께 해주신 모든 인연의 은혜에 감사하고, 모든 공덕을 부처님 전에 회향합니다!

이차인연 공덕으로

법계의 모든 중생이

다함께 성불하기를 발원합니다!

나무아미타불 ()()()

석(釋) 혜명 공경 합장 배례

五. 극락국토에 왕생하려는 원(願)을 세워라

六. 나머지 이야기

무량수경(無量壽經) 앞부분의 아미타불 48원

제1장 서분(序分)

제1절 경문의 증명

이와 같이 나는 들었다.

어느 때 부처님께서 마갈타 국의 왕사성(王舍城)에 있는 기사굴산 (耆闍崛山: 영축산靈鷲山)에서 덕이 높은 대비구 1만 2천 명과 함께 계 시었다. 이들은 모두 대성인의 신통을 깨달은 분들로서, 그 이름은 요 본제 존자(了本際尊者), 정원(正願) 존자, 정어(正語) 존자, 대호(大號) 존자, 인현(仁賢) 존자, 이구(離垢) 존자, 명문(名聞) 존자, 선실(善實) 존자, 구족(具足) 존자, 우왕(牛王) 존자, 우루빈나가섭(優樓頻蠡迦葉) 존자, 가야가섭(伽耶迦葉) 존자, 나제가섭(那提迦葉) 존자, 마하가섭(摩 訶迦葉) 존자, 사리불(舍利弗) 존자, 대목건련(大目揵連) 존자, 겁빈나 (劫賓那) 존자, 대주(大住) 존자, 대정지(大淨志) 존자, 마하주나(摩訶周 那) 존자, 만원자(滿願子) 존자, 이장애(離障閡) 존자, 유관(流灌) 존자, 견복(堅伏) 존자, 면왕(面王) 존자, 과승(果乘) 존자, 인성(仁性) 존자, 희락(喜樂) 존자, 선래(善來) 존자, 나운(羅云) 존자, 아난(阿難) 존자 등 모두 이와 같이 뛰어난 제자들이었으며, 또 대승(大乘)에 나아간 여러 보살들도 함께 하셨는데, 보현보살(普賢菩薩), 묘덕(妙德) 보살, 자씨 (慈氏) 보살 등 현겁 중의 모든 보살들과 또 현호(賢護) 보살 등 16보 살인 선사의(善思議) 보살, 신혜(信慧) 보살, 공무(空無) 보살, 신통화 (神通華) 보살, 광영(光英) 보살, 혜상(慧上) 보살, 지당(智幢) 보살, 적근(寂根) 보살, 원혜(願慧) 보살, 향상(香象) 보살, 보영(寶英) 보살, 중주(中住) 보살, 제행(制行) 보살, 해탈(解脫) 보살 등으로서, 그 분들은 모두 보현보살의 덕을 좇아 모든 보살의 서원과 수행을 갖추고 일체의 공덕법에 머물러 시방세계에 노닐며 중생을 위하여 갖은 방편을 베푼다. 그리고 불법을 깊이 통달하여 영원한 피안을 밝히고 무량한 세계에 나투어서 등각(等覺)을 성취한다. (중략)

제2장 정종분(正宗分)

제1절 극락정토를 세운 원인

1. 법장(法藏) 비구의 48원(四十八願)

부처님께서 아난 존자에게 말씀하셨다.

『일찍이 헤아릴 수 없는 먼 옛날에 정광여래(錠光如來) 부처님이 세상에 나타나셨는데, 무량한 중생을 교화하고 제도하시어 모두 바른 길을 얻게 하시고 열반에 드셨느니라.

그리고 그 다음을 이어서 여러 부처님들이 계셨는데 그 이름은 광원불(光遠佛), 월광불(月光佛), 전단향불(栴檀香佛), 선산왕불(善山王佛), 수미천관불(須彌天冠佛), 수미등요불(須彌等曜佛), 월색불(月色佛), 정념불(正念佛), 이구불(離垢佛), 무착불(無着佛), 용천불(龍天佛), 야광불(夜光佛), 안명정불(安明頂佛), 부동지불(不動地佛), 유리묘화불(琉璃妙華佛), 유리금색불(琉璃金色佛), 금장불(金藏佛), 염광불(炎光佛), 염근불(炎根佛), 지종불(地種佛), 월상불(月像佛), 일음불(日音佛), 해탈화불(解脫華佛), 장엄광명불(莊嚴光明佛), 해각신통불(海覺神通佛), 수광불(水光佛), 대향불(大香佛), 이진구불(離塵垢佛), 사염의불(捨厭意佛), 보염불(寶炎佛), 묘정불(妙頂佛), 용립불(勇立佛), 공덕지혜불(功德持慧佛), 폐일월광불(蔽日月光佛), 일월유리광불(日月琉璃光佛), 무상유리광불(無上琉璃光佛), 최상수불(最上首佛), 보리화불(菩提華佛), 월명불(月明佛), 일광불(日光佛), 화색왕불(華色王佛), 수월광불(水月光佛), 제치명불(除癡冥佛), 도개행불(度蓋行佛), 정신불(淨信佛), 선숙불(善宿佛), 위신불(威神佛), 법혜불(法慧佛), 난음불(鸞音佛), 사자음불(師子音佛), 용음불(龍音佛), 처세불(處世佛) 등의 여러 부처님들이 나타나셨느니라.

그리고 다음에 세자재왕불(世自在王佛)이란 부처님이 계셨는데, 부처님의 공덕에 따른 이름을 또한 여래(如來) 응공(應供) 등정각(等正覺) 명행족(明行足) 선서(善逝) 세간해(世間解) 무상사(無上士) 조어장부(調御丈夫) 천인사(天人師) 불(佛) 세존(世尊)이라고 하느니라.

그 무렵 국왕이 있었는데, 부처님의 설법을 듣고는 깊은 환희심을 품고 바로 위없는 바른 길을 구하는 뜻을 내었느니라. 그래서 나라와 왕위를 버리고 출가하여 법장(法藏)이라고 이름 하였는데, 그의 재주와 용맹은 세상에 뛰어났었느니라.

그는 세자재왕 부처님의 처소에 나아가서 부처님의 발에 머리를 조아리고 부처님의 오른편으로 세 번 돌고 나서, 무릎을 꿇고 합장하여 노래로써 부처님의 공덕을 찬양하였느니라.』

「빛나신 얼굴은 우뚝하시고
위엄과 신통은 그지없으니

이처럼 빛나고 밝은 광명을
뉘라서 감히 닮으리이까!

햇빛 달빛과 마니보주(摩尼寶珠)의
광명이 빛나고 찬란하여도
모두 가리워져 숨어버리고
검은 먹덩어리 되고 맙니다.

부처님의 얼굴 뛰어나시어
이 세상에 다시 견줄 이 없고,
바르게 깨달은 크신 음성은
시방세계에 두루 넘치네.

청정한 계율과 지식과 정진
그윽한 삼매와 밝은 지혜와
거룩한 위덕은 짝할 이 없어
한없이 수승하고 희유(希有)합니다.

모든 부처님의 광대한 법을
자세히 생각하고 깊이 살피어
끝까지 밝히고 속에 사무쳐
끝과 바닥에 두루 미쳤네.

어두운 무명과 탐욕과 성냄을
부처님은 영원히 여의시나니,
사자와 같은 위대한 이의
신묘한 공덕은 헤아릴 수 없네.

위없는 도덕과 드넓은 공적,
밝으신 지혜는 깊고 묘하며,
광명에 빛나는 거룩한 상호는
대천세계에 두루 떨치네.

원하옵건대, 나도 부처님 되어
거룩한 공덕 저 법왕처럼
생사(生死)의 중생을 모두 건지고
빠짐없이 고해(苦海)에서 벗어나 지이다.

보시를 베풀어 뜻을 고르고
계율을 지니며 분한 일 참고
끊임없는 정진을 거듭하면서
삼매와 지혜로 으뜸 삼으리.

나도 맹세코 부처님 되어
이러한 서원을 모두 행하고

두려워 시달리는 중생 위하여
편안한 의지가 되어 보리라.

설령 많은 부처님 계시어
그 수효는 백천만억이 되고
헤아릴 수 없는 위대한 성인들
항하의 모래보다 많을지라도,

이렇듯 많은 부처님들을
받들어 섬겨 공양을 한들
올바른 대도(大道)를 한껏 구하여
물러나지 않는[불퇴전不退轉] 것만 같지 못하리.

항하의 모래 수효와 같은
많고 많은 모든 부처님 세계
수가 너무 많아서 셀 수도 없는
그처럼 많은 세계국토를
부처님의 광명이 널리 비치어
모든 국토를 두루 하거늘
이러한 정진과 위신력을
무슨 재주로 헤아려 보리!

만약에 내가 부처님 되면
국토의 장엄은 으뜸이 되고
중생들은 한결같이 훌륭해지며
도량은 가장 수승하오리!

그 나라는 영원히 행복하여서
세상에서 견줄만한 짝이 없거늘
온갖 중생을 가엾이 여겨
내가 마땅히 제도하리라.

시방세계에서 오는 중생들
마음이 즐겁고 청정하리니,
그 나라에 와서 살게 되면
상쾌하고 즐거워 안온하리라.

원컨대 부처님 굽어 살피사
저의 참 뜻을 증명하소서.
저 국토에서 원력을 세워
하려는 일들을 애써 하리다.

시방세계의 모든 부처님!
밝으신 지혜는 걸림 없으니,

저의 마음과 저의 수행을
부처님들께서 살펴주소서.

만일 이 몸이 어찌하다가
온갖 고난에 빠진다 한들
제가 수행하는 바른 정진을
참아내지 못하고 후회하리까!」

부처님께서 아난에게 말씀하셨다.

『아난아, 법장비구는 저 세자재왕 부처님 앞에서 이와 같은 게송(偈頌)으로 부처님을 찬탄한 다음 이렇게 여쭈었느니라.

「세존이시여, 저는 위없는 바른 진리를 깨닫고자 결심하였습니다. 원하옵건대, 부처님께서는 저에게 거룩하신 교법을 자세히 말씀하여 주옵소서.

저는 마땅히 가르침대로 수행하여 불국토를 이룩하고 청정미묘한 국토를 장엄하겠사오니, 저로 하여금 금생에 빨리 바른 깨달음을 성취하고 모든 생사(生死) 고난의 근원을 없애게 하여 주옵소서.」

그때 세자재왕 부처님이 법장비구에게 말씀하셨느니라.

「그대가 수행하고자 하는 바와, 훌륭한 불국토를 장엄하는 일은 그대 스스로 마땅히 알고 있을 것이 아닌가?」

아미타불 48대원

법장비구가 부처님께 사뢰기를,

「부처님이시여, 그와 같은 뜻은 너무나 크고 깊어서 제가 알 수 있는 경계가 아니옵니다. 원하옵건대 모든 부처님들께서 불국토를 이룩하신 수행법을 자세히 말씀하여 주십시오. 저는 부처님의 가르침대로 수행하여 소원을 원만히 성취하겠나이다.」

그래서 세자재왕 부처님은 법장비구의 그 뜻과 소원이 고결하며 깊고 넓음을 살피시고, 바로 법장비구에게 법을 가르쳐 주시기로 여기시어 말씀하시기를,

「비유하건대 비록 큰 바닷물이라도 억겁의 오랜 세월을 두고 쉬지 않고 퍼내면 마침내 그 바닥을 다하여 그 가운데 있는 진귀한 보배를 얻을 수 있듯이, 만약 사람이 지성으로 정진하여 도(道)를 구하면 마땅히 원하는 결과를 얻고 마는 것이니, 어떠한 소원인들 성취 안 될 리가 없느니라.」

하시고 세자재왕 부처님은 곧 법장비구를 위하여 210억의 여러 불국토와 그 천상 사람들의 선악(善惡)과 국토의 거칠고 묘함을 널리 말씀하시고, 법장비구의 소원대로 이를 낱낱이 나타내 보여 주셨느니라.

이에 법장비구는 부처님이 말씀하신 장엄하고 청정한 나라들을 모조리 보고 나서, 위없이 갸륵하고 가장 뛰어난 서원을 세웠느니라. 그때 그의 마음은 맑고 고요하여 집착하는 바가 없었으니, 일체 세간의 어느 누구도 따르지 못하였느니라. 그리하여 5겁(劫)의 오랜 세월을

두고 깊은 선정(禪定)에 들어 불국토를 건설하고 장엄하기 위한 청정한 수행에 온 마음을 다하였느니라.』

아난이 부처님께 여쭈었다.
『세자재왕 부처님의 수명은 얼마나 되나이까?』

부처님께서 말씀하셨다.
『그 부처님의 수명은 42겁(劫)이니라.

그때 법장비구는 210억 불국토의 청정한 수행법을 선택하여 그와 같이 수행하고 나서 다시 세자재왕 부처님 처소에 나아가 부처님의 발아래 머리를 조아리고 부처님을 세 번 돌고 합장하며 부처님께 사뢰었느니라.
「세존이시여, 저는 이미 불국토를 장엄할 청정한 수행을 갖추어 지녔습니다.」

세자재왕 부처님이 법장비구에게 이르시기를,

「법장비구여, 이제 그대가 대중들에게 그대의 서원과 수행을 널리 알려서 그들로 하여금 보리심을 일으키게 하고 그들의 마음을 기쁘게 할 좋은 기회이니라. 그래서 보살들은 이를 듣고 불국토를 이룩할 무량한 큰 원행(願行)을 성취하게 될 것이니라.」

이와 같이 수행하고 나서 저 세자재왕불의 처소에 나아가 머리를 조아려 세 번 절하고 돌고 합장하여 여쭈었다.

「세자재왕불이시여, 저는 이미 불국토를 장엄할 청정한 행을 선택하였습니다.」

세자재왕불께서 법장보살에게 말씀하시기를,

「지금이야말로 그대의 소원과 수행의 결과를 널리 대중들에게 말할 때이다. 그들을 기쁘게 해주어라. 현재와 미래의 사람들은 그것을 듣고 그와 같은 불국토의 완전한 특징과 그 원행을 본받아 불도를 이루게 될 것이다.」하였다.

법장보살이 세자재왕불께 여쭈기를,

「들어 주십시요. 제가 소원한 것을 자세히 아뢰겠습니다. 이 48대원(四十八大願)은 저의 특별한 원입니다. 이것으로 말미암아 위없는 바른 깨달음을 얻게 되면 제가 선택한 불국토는 불가사의한 특징과 장식 배치를 갖추게 될 것입니다.」

하고, 법장보살은 그의 서원을 다음과 같이 말했느니라.
「세자재왕불이시여, 만약 저의 불국토에 다음과 같은 일이 이루어지지 않는다면 저는 결코 부처가 되지 않겠습니다.」

　법장비구는 다시 부처님께 사뢰기를,

　「세존이시여, 들어주십시오. 제가 세운 바 48가지의 서원을 자세히 아뢰어 말씀하겠습니다.

제1. 악취무명원(惡趣無名願)

제가 부처가 될 적에, 그 나라에 지옥과 아귀와 축생의 삼악도(三惡道)가 있다면 저는 차라리 부처가 되지 않겠나이다.

〈원문〉

說我得佛(설아득불)하올 제 國有地獄餓鬼畜生者(국유지옥아귀축생자)면 不取正覺(불취정각) 호리이다.

만약에 제가 부처가 될 적에, 내 불국토에 지옥 아귀 축생 등 삼악도의 불행이 있다면, 부처가 되지 않겠습니다.

〈풀이 말씀〉

원을 세우신 뜻은, 육도(六途)의 세계 중에서 삼악도(三惡途)의 고통이 가장 심하기 때문에 고통 받는 사람을 구원하기 위해 첫 번째로 이 서원을 세우셨다.

제2. 무타악도원(無墮惡途願)

제가 부처가 될 적에, 그 나라의 중생들이 수명이 다한 뒤에 다시 삼악도에 떨어지는 일이 있다면, 저는 차라리 부처가 되지 않겠나이다.

〈원문〉

說我得佛(설아득불)하옵시고 國中天人(국중천인)이 壽終之後(수종지후)에 復更三惡道者(부갱삼악도자)면 不取正覺(불취정각)호리이다.

만약 제가 부처가 될 적에, 내 불국토에 태어나는 중생들이 수명이 다한 뒤에 다시 삼악도에 떨어질 염려가 있다면, 부처가 되지 않겠습니다.

〈풀이 말씀〉

원을 세우신 뜻은, 어떤 국토는 무너지는 시기가 있고, 그 나라의 사람들은 악업의 힘에 끌려서 삼악도에 떨어진다. 그래서 악도에 끌려가는 사람들을 가엾이 여겨 이 서원을 세우셨다.

제3. 동진금색원(同眞金色願)

제가 부처가 될 적에, 그 나라 중생들의 몸에서 찬란한 금색 광명이 빛나지 않는다면, 저는 차라리 부처가 되지 않겠나이다.

〈원문〉

說我得佛(설아득불)하올 제 國中天人(국중천인)이 不悉眞金色者(부실진금색자)면 不取正覺(불취정각) 호리이다.

만약 제가 부처가 될 적에, 내 불국토에 태어나는 중생들의 몸에서 황금빛 광채가 나지 않으면, 부처가 되지 않겠습니다.

〈풀이 말씀〉

원을 세우신 뜻은, 어떤 나라의 사람들은 황색이나 백색이나 흑색의 차별이 있어 우열의 생각을 일으켜 근심하고 있다. 그래서 이 같은 사람들을 가엾이 여겨 이 서원을 세우셨다.

제4. 형모무차원(形貌無差願)

　제가 부처가 될 적에, 그 나라 중생들의 모양이 한결같이 훌륭하지 않고, 잘나고 못난이가 따로 있다면, 저는 차라리 부처가 되지 않겠나이다.

〈원문〉

　說我得佛(설아득불)하올 제 國中天人(국중천인)이 形色不同(형색부동)하여 有好醜者(유호추자)면 不取正覺(불취정각) 호리이다.

　만약 제가 부처가 될 적에, 내 불국토에 태어나는 중생들은 한결같이 훌륭한 몸을 갖되 잘나고 못난이가 있다면, 부처가 되지 않겠습니다.

〈풀이 말씀〉

　원을 세우신 뜻은, 어떤 나라 사람들은 좋은 모습과 추악한 모습의 차별이 있기 때문에 교만한 질투를 일으켜 괴로워한다. 그래서 이 같은 사람들을 가엾이 여겨 이 서원을 세우신 것이다.

제5. 성취숙명원(成就宿命願)

제가 부처가 될 적에, 그 나라의 중생들이 숙명통(宿命通)을 얻어 백천억 나유타 겁(劫)의 옛 일들을 알지 못한다면, 저는 차라리 부처가 되지 않겠나이다.

〈원문〉

說我得佛(설아득불)하올 제 國中天人(국중천인)이 不識宿命(불식숙명) 下至知(하지지) 百千億那由他(백천억나유타) 諸劫事者(제겁사자)면 不取正覺(불취정각) 호리이다.

만약 제가 부처가 될 적에, 내 불국토에 태어나는 중생들은 모두 숙명통을 얻어 백천억 나유타 겁 이전의 모든 과거사를 알지 못한다면, 부처가 되지 않겠습니다.

〈풀이 말씀〉

원을 세우신 뜻은, 어떤 나라의 사람들은 자기 전생(前生)의 일을 모르고 현재의 일에만 집착해서 갖가지 죄악을 짓는다. 그래서 이 같은 사람들을 가엾이 여겨 이 서원을 세우신 것이다.

제6. 생획천안원(生獲天眼願)

제가 부처가 될 적에, 그 나라의 중생들이 천안통(天眼通)을 얻어 백천억 나유타의 모든 세계를 볼 수 없다면, 저는 차라리 부처가 되지 않겠나이다.

〈원문〉

說我得佛(설아득불)하올 제 國中天人(국중천인)이 不得天眼(부득천안)하여 下至見(하지견) 百千億那由他(백천억나유타) 諸佛國者(제불국자)면 不取正覺(불취정각) 호리이다.

만약 제가 부처가 될 적에, 내 불국토에 태어나는 중생들은 모두 천안통을 얻어 적어도 백천억 나유타의 모든 불국토를 볼 수 없다면, 부처가 되지 않겠습니다.

〈풀이 말씀〉

원을 세우신 뜻은, 어떤 나라 사람들은 괴롭고 즐거움의 인과를 모르기 때문에 고통의 원인을 두려워하지 않고 선근(善根)공덕을 닦지 않는 사람을 가엾이 여겨 이 서원을 세우신 것이다.

제7. 생획천이원(生獲天耳願)

제가 부처가 될 적에, 그 나라의 중생들이 천이통(天耳通)을 얻어 백천억 나유타의 많은 부처님들의 설법을 듣고, 그 모두를 간직할 수 없다면, 저는 차라리 부처가 되지 않겠나이다.

〈원문〉

說我得佛(설아득불)하올 제 國中天人(국중천인)이 不得天耳(부득천이)하여 下至聞(하지문) 百千億那由他(백천억나유타) 諸佛所說(제불소설)하고 不悉受持者(부실수지자)면 不取正覺(불취정각) 호리이다.

만약 제가 부처가 될 적에, 내 불국토에 태어나는 중생들은 모두 천이통을 얻어 적어도 백천억 나유타 부처님들의 설법을 들어 가지고 실천할 수 없다면, 부처가 되지 않겠습니다.

〈풀이 말씀〉

원을 세우신 뜻은, 어떤 나라의 사람들은 부처님이 계신 세상에 태어나도 멀리 떨어져 설법을 들을 수 없어 고통 속에 빠져 괴로워하고 있다. 그래서 이 같은 사람들을 가엾이 여겨 이 서원을 세우신 것이다.

제8. 실지심행원(悉知心行願)

제가 부처가 될 적에, 그 나라의 중생들이 타심통(他心通)을 얻어 백천억 나유타의 모든 국토에 있는 중생들의 마음을 알지 못한다면, 저는 차라리 부처가 되지 않겠나이다.

〈원문〉

說我得佛(설아득불)하올 제 國中天人(국중천인)이 不得見他心智(부득견타심지)하야 下至知(하지지) 百千億那由他(백천억나유타) 諸佛國中(제불국중)에 衆生心念者(중생심념자)면 不取正覺(불취정각) 호리이다.

만약 제가 부처가 될 적에, 내 불국토에 태어나는 중생들이 모두 타심통을 얻어 적어도 백천억 나유타 세계에 있는 중생들의 마음을 알지 못한다면, 부처가 되지 않겠습니다.

〈풀이 말씀〉

원을 세우신 뜻은, 어떤 나라 사람들은 다른 사람의 마음속을 간파할 수 없기 때문에 악을 선(善)이라 하고 선을 악(惡)이라 하여 괴로워하고 있다. 그래서 이 같은 사람들을 가엾이 여겨 이 서원을 세우신 것이다.

제9. 신족초월원(神足超越願)

제가 부처가 될 적에, 그 나라의 중생들이 신족통(神足通)을 얻어 순식간에 백천억 나유타의 모든 나라들을 지나가지 못한다면, 저는 차라리 부처가 되지 않겠나이다.

〈원문〉

說我得佛(설아득불)하올 제 國中天人(국중천인)이 不得神足(부득신족)하야 於一念頃(어일념경)에 下至不能超過(하지불능초과) 百千億那由他(백천억나유타) 諸佛國者(제불국자)면 不取正覺(불취정각) 호리이다.

만약 제가 부처가 될 적에, 내 불국토에 태어나는 중생들은 모두 신족통을 얻어 적어도 백천억 나유타 세계를 순식간에 통과할 수 없다면, 부처가 되지 않겠습니다.

〈풀이 말씀〉

원을 세우신 뜻은, 어떤 나라 사람들은 땅을 밟고 바다는 배를 타지 않으면 안 되고 허공을 가고 올 수 없다. 그래서 이 부자유한 사람들을 가엾이 여겨 이 서원을 세우신 것이다.

제10. 정무아상원(淨無我相願)

    제가 부처가 될 적에, 그 나라의 중생들이 모든 번뇌를 여의는 누진통(漏盡通)을 얻지 못하고 망상을 일으켜 자신에 집착하는 분별이 있다면, 저는 차라리 부처가 되지 않겠나이다.

〈원문〉

    說我得佛(설아득불)하올 제 國中天人(국중천인)이 若起想念(약기상념)하야 貪計身者(탐계신자)면 不取正覺(불취정각) 호리이다.
    만약 제가 부처가 될 적에, 내 불국토에 태어나는 중생들이 번뇌의 근본이 되는 아집을 일으킨다면, 부처가 되지 않겠습니다.

〈풀이 말씀〉

    원을 세우신 뜻은, 어떤 나라 사람(天人)들은 번뇌에 의해 몸에 집착해서 방황하고 괴로워한다. 그래서 이 같은 사람들을 가엾이 여겨 이 소원을 세우신 것이다.

제11. 결정정각원(決定正覺願)

제가 부처가 될 적에, 그 나라의 중생들이 만약 성불하는 정 정취(正定聚)에 머물지 못하고, 필경에 열반(涅槃)을 얻지 못한 다면, 저는 차라리 부처가 되지 않겠나이다.

〈원문〉

說我得佛(설아득불)하올 제 國中天人(국중천인)이 不住定聚 (부주정취)하야 必至滅度者(필지멸도자)면 不取正覺(불취정각) 호리이다.

만약 제가 부처가 될 적에, 내 불국토에 태어나는 중생들이 이생에서 바로 결정된 부류에 들어가 필경에 성불하지 못한다 면, 부처가 되지 않겠습니다.

〈풀이 말씀〉

원을 세우신 뜻은, 어떤 나라 사람들은 불도(佛道)를 수행해도 삿된 도에 떨어지고, 어떤 사람들은 깨닫기도 한다. 악도에 떨어지는 사람 들을 가엾이 여겨 이 서원을 세우신 것이다.

제12. 광명보조원(光明普照願)

제가 부처가 될 적에, 저의 광명이 한량이 있어서 백천억 나유타의 모든 불국토를 비출 수가 없다면, 저는 차라리 부처가 되지 않겠나이다.

〈원문〉

說我得佛(설아득불)하올 제 光明(광명)이 有能限量(유능한량)하야 下至不照(하지부조) 百千億那由他(백천억나유타) 諸佛國者(제불국자)면 不取正覺(불취정각) 호리이다.

만약 제가 부처가 될 적에, 내 광명이 끝이 있어 적어도 백천억 나유타 모든 불국토를 비추게 되지 않는다면, 부처가 되지 않겠습니다.

〈풀이 말씀〉

원을 세우신 뜻은, 어느 부처님의 광명은 제한이 있어 한 국토밖에 비출 수 없고, 어느 부처님은 한없는 광명으로 시방을 골고루 비춘다. 따라서 시방세계에서 염불하는 사람들을 구원하기 위하여 이 서원을 세우신 것이다.

제13. 수량무궁원(壽量無窮願)

제가 부처가 될 적에, 저의 수명이 한정이 있어서 백천억 나유타 겁 동안만 살 수 있다면, 저는 차라리 부처가 되지 않겠나이다.

〈원문〉

說我得佛(설아득불)하올 제 壽命(수명)이 有能限量(유능한량)하야 下至(하지) 百千億那由他(백천억나유타) 劫者(겁자)면 不取正覺(불취정각) 호리이다.

만약 제가 부처가 될 적에, 내 목숨이 한량이 있어 백천억 나유타 겁으로도 헤아릴 수 없을 것을 얻지 못한다면, 부처가 되지 않겠습니다.

〈풀이 말씀〉

원을 세우신 뜻은, 어느 나라의 부처님은 수명이 짧아서 가르침을 영원히 펼 수 없고, 어느 부처님은 무한의 수명을 가지고 사람들을 영원히 구하신다. 그래서 법장보살은 한없이 긴 수명을 가지고 사람들을 구원하시기 위해 이 서원을 세우신 것이다.

제14. 성문무수원(聲聞無數願)

제가 부처가 될 적에, 그 나라 성문(聲聞)들의 수효가 한량이 있어서, 삼천대천세계의 성문과 연각(緣覺)들이 백천 겁 동안 세어서 그 수를 알 수 있는 정도라면, 저는 차라리 부처가 되지 않겠나이다.

〈원문〉

說我得佛(설아득불)하올 제 國中聲聞(국중성문)을 有能計量(유능계량)하야 乃至三千大千世界衆生(내지삼천대천세계중생)의 悉成緣覺(실성연각)이 於百千劫(어백천겁)에 悉共計校(실공계교)하야 知其數者(지기수자)면 不取正覺(불취정각) 호리이다.

만약 제가 부처가 될 적에, 내 불국토에는 성문들의 수효에 있어서 삼천대천세계의 성문 연각들이 백천 겁 동안 헤아려서 그 수효를 알 수 있다면, 부처가 되지 않겠습니다.

〈풀이 말씀〉

원을 세우신 뜻은, 어떤 나라에서는 보살만 살고 성문은 없고, 어떤 나라는 소승의 사람들만 교화의 이익을 받고 대승의 사람들에게는 조금도 이익을 주지 않는다. 아미타불은 대승과 소승을 다 섭수하지만, 여기서는 특히 성문을 맞아서 성불시키기 위해 이 서원을 세우신 것이다.

제15. 중생장수원(衆生長壽願)

제가 부처가 될 적에, 그 나라 중생들의 수명은 한량이 없으리니, 다만 그들이 중생 제도의 서원에 따라 수명의 길고 짧음을 자유자재로 할 수는 있을지언정 만약 그 수명에 한량이 있다면, 저는 차라리 부처가 되지 않겠나이다.

〈원문〉

說我得佛(설아득불)하올 제 國中天人(국중천인)이 壽命無能限量(수명무능한량)하여 除其本願(제기본원)하사 修短自在(수단자재)호되 若不爾者(약불이자)면 不取正覺(불취정각) 호리이다.

만약 제가 부처가 될 적에, 내 불국토에 와서 태어나는 중생들은 목숨이 한량없되 다만 중생을 제도하기 위해서는 목숨의 장단을 마음대로 할 것. 만약 이렇게 되지 않는다면, 부처가 되지 않겠습니다.

〈풀이 말씀〉

원을 세우신 뜻은, 어떤 나라 사람들은 수명이 짧아 요절하고, 어느 나라 사람들은 수를 누리고 불심을 열심히 닦는다. 그래서 법장보살은 수명이 짧은 사람들을 가엾이 여겨 이 서원을 세우신 것이다.

제16. 개획선명원(皆獲善名願)

제가 부처가 될 적에, 그 나라의 중생들이 좋지 않은 일은 물론이요, 나쁜 이름이라도 있다면, 저는 차라리 부처가 되지 않겠나이다.

〈원문〉

說我得佛(설아득불)하올 제 國中天人(국중천인)이 乃至聞有不善名者(내지문유불선명자)면 不取正覺(불취정각) 호리이다.

만약 제가 부처가 될 적에, 내 불국토에 태어나는 중생들은 나쁜 일이라고는 이름도 들을 수 없을 것. 만약 듣는다면, 부처가 되지 않겠습니다.

〈풀이 말씀〉

원을 세우신 뜻은, 어떤 나라에는 자신을 위해서만 사는 소승의 수행자(성문 내지 연각)나 불구자나 악인이나 여인이 많고, 어느 나라에는 이와 같은 악인은 살지 않는다. 그래서 법장보살은 이들 악인을 가엾이 여겨 이 서원을 세우신 것이다.

제17. 제불칭찬원(諸佛稱讚願)

제가 부처가 될 적에, 시방세계의 헤아릴 수 없는 모든 부처님들이 저의 이름[아미타불]을 찬양하지 않는다면, 저는 차라리 부처가 되지 않겠나이다.

〈원문〉

說我得佛(설아득불)하올 제 十方世界(시방세계)의 無量諸佛(무량제불)이 不悉咨嗟(부실자차) 稱我名者(칭아명자)면 不取正覺(불취정각) 호리이다.

만약 제가 부처가 될 적에, 내 이름과 공덕을 시방세계 부처님들이 칭찬하지 않는 이가 있다면, 부처가 되지 않겠습니다.

〈풀이 말씀〉

원을 세우신 뜻은, 어떤 나라의 부처님은 시방의 모든 부처님께 찬탄을 받고, 어느 나라의 부처님은 찬탄을 받지 않는다. 그래서 법장보살은 성불한 새벽에 자기의 이름과 극락세계를 시방의 모든 불국토에 알려서 여러 부처님이 찬탄하도록 하기 위해 이 서원을 세우신 것이다.

제18. 십념왕생원(十念往生願)

제가 부처가 될 적에, 시방세계의 중생들이 저의 나라에 태어나고자 신심과 환희심을 내어 제 이름[아미타불]을 다만 열 번만 불러도 제 나라에 태어날 수 없다면, 저는 차라리 부처가 되지 않겠나이다.

〈원문〉

說我得佛(설아득불)하올 제 十方衆生(시방중생)이 至心信樂(지심신요)하야 欲生我國(욕생아국)하되 乃至十念(내지십념)을 若不生者(약불생자)면 不取正覺(불취정각) 호리이다. 唯除五逆(유제오역)과 誹謗正法(비방정법)하나이다.

만약 제가 부처가 될 적에, 시방의 어떤 중생이든지 지극한 마음으로 내 불국토를 믿고 좋아하여 와서 태어나려는 이는 내 이름을 열 번만 불러도 반드시 왕생 곧 성불하게 될 것. 그렇게 될 수 없다면, 부처가 되지 않겠습니다. 다만 오역 죄인이나 정법을 비방하는 사람은 예외입니다.

〈풀이 말씀〉

원을 세우신 뜻은, 어느 불국토에서는 보시나 지계 등의 여러 가지 행을 가져야 극락왕생을 한다 하고, 어떤 불국토의 부처님은 명호를 외우는 것으로 극락왕생의 행이라 한다. 그래서 법장보살은 방황하는 어리석은 범부를 구원하기 위하여 평등의 자비로서 칭명염불(稱名念佛)을 행으로 골라서 이 서원을 세우신 것이다.

제19. 임종현전원(臨終現前願)

제가 부처가 될 적에, 시방세계의 중생들이 보리심(菩提心)을 일으켜 모든 공덕을 쌓고, 지성으로 저의 불국토에 태어나고자 원을 세울 제, 그들의 임종시에 제가 대중들과 함께 가서 그들을 마중할 수 없다면, 저는 차라리 부처가 되지 않겠나이다.

〈원문〉

說我得佛(설아득불)하올 제 十方衆生(시방중생)이 發菩提心(발보리심)하야 修諸功德(수제공덕)하고 至心發願(지심발원)하야 欲生我國(욕생아국)이라가 臨壽終時(임수종시)에 假令不與大衆(가령불여대중)으로 圍繞(위요)하야 現其人前者(현기인전자)면 不取正覺(불취정각) 호리이다.

만약 제가 부처가 될 적에, 시방중생이 보리심을 내어 갖가지 공덕을 닦고 지극한 마음으로 발원하여 내 불국토에 태어나기를 원하면 그들이 임종할 때에 내가 대중에게 둘러싸여 그 사람 앞에 나타나지 못한다면, 부처가 되지 않겠습니다.

〈풀이 말씀〉

원을 세우신 뜻은, 어느 나라의 중생들은 부처님의 영접을 받아서 극락왕생하고, 어느 나라 중생들은 부처님의 영접을 받지 않고 스스로 왕생한다. 혹은 사악한 업에 끌려서 악도에 떨어진다. 따라서 법장

보살은 임종 시 장애에 의해서 악도에 떨어져 가는 것을 가엾이 여겨
이 서원을 세우신 것이다.

제20. 회향개생원(回向皆生願)

제가 부처가 될 적에 시방세계의 중생들이 제 이름[아미타불]을 듣고 저의 불국토[극락세계]를 흠모하여 많은 선근공덕을 쌓고, 지성으로 저의 나라에 태어나고자 마음을 회향(回向)하올 제, 그 목적을 이루지 못한다면, 저는 차라리 부처가 되지 않겠나이다.

〈원문〉

說我得佛(설아득불)하올 제 十方衆生(시방중생)이 聞我名號(문아명호)하고 係念我國(계념아국)하야 植諸德本(식제덕본)하고 至心廻向(지심회향)하야 欲生我國(욕생아국)이라 不果遂者(불과수자)면 不取正覺(불취정각) 호리이다.

만약 제가 부처가 될 적에, 시방세계 중생들이 내 이름을 듣고 내 불국토를 사랑하여 갖가지 공덕을 짓고 지극한 마음으로 회향하여 내 불국토에 태어나고자 하는 중생은 반드시 왕생할 것. 만일 성취하지 못한다면, 부처가 되지 않겠습니다.

〈풀이 말씀〉

원을 세우신 뜻은, 어느 나라는 인연이 있는 사람들을 받아들여 왕생극락의 목적을 다 이루지만, 그렇지 못한 나라도 있다. 그래서 법장보살은 인연 있는 사람들이 방황의 세계에서 유전(流轉)하는 것을 가

없이 여겨 이 서원을 세우신 것이다.

제21. 구족묘상원(具足妙相願)

　제가 부처가 될 적에, 그 나라의 중생들이 모두 32 대인상(大人相)의 훌륭한 상호[相好: 모습]를 갖추지 못한다면, 저는 차라리 부처가 되지 않겠나이다.

〈원문〉

　說我得佛(설아득불)하올 제 國中天人(국중천인)이 不悉成滿 三十二大人相者(부실성만삼십이대인상자)면 不取正覺(불취정각) 호리이다.

　만약 제가 부처가 될 적에, 내 불국토에 태어나는 중생들은 반드시 32상(三十二相)의 빛나는 몸매를 갖추지 못한다면, 부처가 되지 않겠습니다.

〈풀이 말씀〉

　원을 세우신 뜻은, 어느 나라 사람들은 부처님의 32상을 갖추고, 어느 나라 사람들은 이것을 갖추고 있지 않다. 그래서 이 32상호를 갖추고 있지 않은 추악한 사람들을 가엾이 여겨 이 서원을 세우신 것이다.

제22. 함계보처원(咸階補處願)

제가 부처가 될 적에, 다른 불국토의 보살들이 제 나라에 와서 태어난다면, 필경에 그들은 한 생(生)만 지나면 반드시 부처가 되는 일생보처(一生補處)의 자리에 이르게 되오리다. 다만 그들의 소원에 따라, 중생을 위하여 큰 서원을 세우고 선근공덕을 쌓아 일체중생을 제도하고, 또는 모든 불국토에 다니며 보살의 행을 닦아 시방세계의 여러 부처님을 공양하고, 또한 한량없는 중생을 교화하여 위없이 바르고 참다운 가르침을 세우고자 예사로운 순탄한 수행을 초월하여 짐짓 보현보살의 공덕을 닦으려 하는 이들은 자재로 그 원행(願行)에 따를 것이오나, 다른 보살들이 일생보처에 이르지 못한다면, 저는 차라리 부처가 되지 않겠나이다.

〈원문〉

說我得佛(설아득불)하올 제 他方佛土(타방불토)에 諸菩薩衆(제보살중)이 來生我國(래생아국)하되 究竟(구경)에 必至一生補處(필지일생보처)의 除其本願(제기본원)으로 自在所化(자재소화)하여 爲衆生故(위중생고)로 被弘誓鎧(피홍서개)하고 積累德本(적루덕본)하야 度脫一切(도탈일체)라 하며 遊諸佛國(유제불국)하야 修菩薩行(수보살행)하고 供養十方諸佛如來(공양시방제불여래)하고 開化恒沙無量衆生(개화항사무량중생)하야 使

立無上正眞之道(사립무상정진지도)하야 超出常倫諸地之行(초
출상륜제지지행)하야 現前修習普賢之德(현전수습보현지덕)이
니, 若不爾者(약불이자)면 不取正覺(불취정각) 호리이다.

　만약 제가 부처가 될 적에, 다른 세계의 보살로서 내 불국토
에 태어나는 이는 마침내 일생보처라는 보살의 가장 높은 지위
에 이르게 될 것. 그 본래 소원이 중생을 제도하기 위하여 여러
부처님 세계로 다니면서 보살행을 닦고 시방여래님께 공양하
며 한량없는 중생을 교화하여 위없는 불도에 이르게 하려는 이
는 더 말할 필요도 없고, 그들은 일반적인 보살의 일을 뛰어나
보현보살의 덕을 닦게 할 것입니다. 만약 그렇지 못한다면, 부
처가 되지 않겠습니다.

〈풀이 말씀〉

　원을 세우신 뜻은, 어느 나라 보살은 십지(十地)의 위치를 차례차례
로 나아가고, 어느 나라의 보살은 십지를 밟지 않고 곧 일생보처의 자
리에 이른다. 그래서 법장보살은 차례차례로 밟는 사람을 가엾이 여
겨 이 서원을 세우신 것이다.

제23. 신공타방원(晨供他方願)

제가 부처가 될 적에, 그 나라의 보살들이 부처님의 신통력을 입고, 모든 부처님을 공양하기 위하여 밥 한 그릇 먹는 동안에 헤아릴 수 없는 모든 불국토에 두루 이를 수가 없다면, 저는 차라리 부처가 되지 않겠나이다.

〈원문〉

說我得佛(설아득불)하올 제 國中菩薩(국중보살)이 承佛神力(승불신력)하야 供養諸佛(공양제불)호되 一食之頃(일식지경)에 不能偏至(불능변지) 無量無數億那由他(무량무수억나유타) 諸佛國者(제불국자)면 不取正覺(불취정각)호리이다.

만약 제가 부처가 될 적에, 내 불국토에 태어나는 중생들은 부처님의 신통력으로 밥 한 그릇 먹는 동안에 수없는 불국토로 다니면서 여러 부처님께 공양할 수 없다면, 부처가 되지 않겠습니다.

〈풀이 말씀〉

원을 세우신 뜻은, 어느 나라 보살은 자유롭게 시방세계 모든 부처님께 공양을 올리고 어느 나라 보살은 공양 올릴 수 없다. 그래서 모든 부처님께 공양 올림에 부자유한 보살들을 가엾이 여겨 이 서원을 세우신 것이다.

제24. 소수만족원(所須滿足願)

제가 부처가 될 적에, 그 나라의 보살들이 모든 부처님께 공양드리는 공덕을 세우려 할 때, 그들이 바라는 모든 공양하는 물건들을 마음대로 얻을 수 없다면, 저는 차라리 부처가 되지 않겠나이다.

〈원문〉

說我得佛(설아득불)하올 제 國中菩薩(국중보살)이 在諸佛前(재제불전)하야 現其德本(현기덕본)하야 諸所求欲供養之具(제소구욕공양지구)를 若不如意者(약불여의자)면 不取正覺(불취정각) 호리이다.

만약 제가 부처가 될 적에, 내 불국토에 태어나는 중생들이 부처님께 공양하려 할 때 어떠한 공양거리거나 마음대로 갖추지 못한다면, 부처가 되지 않겠습니다.

〈풀이 말씀〉

원을 세우신 뜻은, 어느 나라 보살은 자유롭게 부처님께 사사공양(四事供養: 의복, 음식, 침구, 의약)을 할 수 있지만, 어느 나라 보살은 이것을 할 수 없다. 그래서 모든 부처님께 공양 올릴 것이 없어 마음이 있어도 소원을 이룰 수 없는 사람을 가엾이 여겨 이 서원을 세우신 것이다.

제25. 선입본지원(善入本智願)

제가 부처가 될 적에, 그 나라의 보살들이 부처님의 일체지혜를 연설할 수 없다면, 저는 차라리 부처가 되지 않겠나이다.

〈원문〉

說我得佛(설아득불)하올 제 國中菩薩(국중보살)이 不能演說一切智者(불능연설일체지자)면 不取正覺(불취정각) 호리이다.

만약 제가 부처가 될 적에, 내 불국토에 태어나는 보살은 누구든지 부처님의 온갖 지혜를 얻어 불법을 연설할 수 없다면, 부처가 되지 않겠습니다.

〈풀이 말씀〉

원을 세우신 뜻은, 어느 나라 보살은 부처님의 설법을 듣고 모든 참지혜를 얻어 법문을 연설할 수 있지만, 어느 나라 보살은 모든 지혜를 얻을 수 없다. 그래서 이 얕은 지혜의 보살을 가엾이 여겨 이 서원을 세우신 것이다.

제26. 나라연력원(那羅延力願)

　제가 부처가 될 적에, 그 나라의 보살들이 천상의 금강역사(金剛力士)인 나라연(那羅延)과 같은 견고한 몸을 얻지 못한다면, 저는 차라리 부처가 되지 않겠나이다.

〈원문〉

　說我得佛(설아득불)하올 제 國中菩薩(국중보살)이 不得金剛那羅延身者(부득금강나라연신자)면 不取正覺(불취정각) 호리이다.
　만약 제가 부처가 될 적에, 내 불국토에 태어나는 보살들이 모두 나라연 천(天)과 같은 굳센 몸을 얻지 못한다면, 부처가 되지 않겠습니다.

〈풀이 말씀〉

　원을 세우신 뜻은, 어느 나라 보살은 나라연과 같은 힘을 가졌지만, 어느 나라 보살은 그 힘을 가질 수 없다. 그래서 몸의 힘이 약한 것을 가엾이 여겨 이 서원을 세우신 것이다.

제27. 만물특수원(萬物特殊願)

제가 부처가 될 적에, 그 나라의 중생들과 일체 만물은 정결하고 찬란하게 빛나며, 그 모양이 빼어나고 지극히 미묘함을 능히 헤아리거나 말할 수 없으리니, 만약 천안통을 얻은 이가 그 이름과 수효를 헤아릴 수 있다면, 저는 차라리 부처가 되지 않겠나이다.

〈원문〉

說我得佛(설아득불)하올 제 國中天人(국중천인)과 一切萬物(일체만물)이 嚴淨光麗(엄정광려)하야 形色(형색)이 殊特(수특)하고 窮微極妙(궁미극묘)하야 無能稱量(무능칭량)이니 其諸衆生(기제중생)과 乃至逮得天眼(내지체득천안)이 有能明了(유능명료)하야 辯其名數者(변기명수자)면 不取正覺(불취정각) 호리이다.

만약 제가 부처가 될 적에, 내 불국토에 태어나는 중생들이 쓰는 온갖 물건은 모두 아름답고 화려하여 비교할 수 없는 것들뿐이어서 비록 천안통을 얻은 이라도 그 수효를 알 수 있다면, 부처가 되지 않겠습니다.

〈풀이 말씀〉

원을 세우신 뜻은, 어느 나라의 사람들이 사용하는 물건은 거칠고 나쁘며 적게 있고, 어느 나라의 물건은 뛰어나게 훌륭한 것이 많이 있다. 그래서 거칠고 나쁘며 품목의 수가 적은 나라 사람을 가엾이 여겨 이 서원을 세우신 것이다.

무량수경(無量壽經) 앞부분과
아미타불 48원

제28. 보수실지원(寶樹悉知願)

제가 부처가 될 적에, 그 나라의 보살들을 비롯하여 공덕이 적은 이들까지도, 그 나라의 보리수나무가 한없이 빛나고 그 높이가 4백만 리나 되는 것을 알아보지 못한다면, 저는 차라리 부처가 되지 않겠나이다.

〈원문〉

說我得佛(설아득불)하올 제 國中菩薩(국중보살)이 乃至少功德者(내지소공덕자)라도 不能知見(불능지견) 其道場樹(기도량수)가 無量光色(무량광색)과 高四百萬里者(고사백만리자)면 不取正覺(불취정각) 호리이다.

만약 제가 부처가 될 적에, 내 불국토에 태어나는 중생들은 아무리 공덕이 적은 이라도 그 도량의 나무가 무한한 빛을 비추고 높이가 사백만 리나 되는 것을 보지 못한다면, 부처가 되지 않겠습니다.

〈풀이 말씀〉

원을 세우신 뜻은, 어느 나라에서는 성자도, 범부도 모두 도량의 나무를 보고 뛰어난 이익을 얻을 수 있지만, 어느 나라의 사람은 이것을 볼 수 없다. 그래서 도량의 보배 나무를 볼 수 없는 사람들을 가엾이 여겨 이 서원을 세우신 것이다.

제29. 획승변재원(獲勝辯才願)

제가 부처가 될 적에, 그 나라의 보살들이 스스로 경을 읽고 외우며 또한 남에게 설법하는 변재와 지혜를 얻을 수 없다면, 저는 차라리 부처가 되지 않겠나이다.

〈원문〉

說我得佛(설아득불)하올 제 國中菩薩(국중보살)이 若受讀經法(약수독경법)하고 諷誦持說(풍송지설)하야 而不得辯才智慧者(이부득변재지혜자)면 不取正覺(불취정각) 호리이다.

만약 제가 부처가 될 적에, 내 불국토에 태어나는 중생들이 스스로 경전을 읽고 외우며 남에게 말하여 듣게 하는 변재와 지혜를 얻지 못한다면, 부처가 되지 않겠습니다.

〈풀이 말씀〉

원을 세우신 뜻은, 어느 나라 보살은 경전을 읽어도 일체지(一切智)나 사변설(四辯說)을 얻을 수가 없고, 어느 나라 사람은 지혜변설(智慧辯說)을 얻을 수가 있다. 그래서 경전을 독송하는데 지혜를 갖추지 못하고, 남에게 전해 줄 지혜변설을 얻을 수 없는 것을 가엾이 여겨 이 서원을 세우신 것이다.

제30. 대변무변원(大辯無邊願)

제가 부처가 될 적에, 그 나라 보살들의 지혜와 변재가 한량이 있다면 저는 차라리 부처가 되지 않겠나이다.

〈원문〉

說我得佛(설아득불)하올 제 國中菩薩(국중보살)이 智慧辯才(지혜변재)로 若可限量者(약가한량자)면 不取正覺(불취정각) 호리이다.

만약 제가 부처가 될 적에, 내 불국토에 태어나는 중생들 모두 걸림 없는 지혜와 변재가 한량이 있다면, 부처가 되지 않겠습니다.

〈풀이 말씀〉

원을 세우신 뜻은, 어느 나라 보살은 불가사의한 지혜변설을 가지고 자유롭게 설법을 하지만, 어느 나라 사람들은 자유롭게 법을 설할 수 없다. 그래서 이들 부자유한 사람을 가엾이 여겨 이 서원을 세우신 것이다.

제31. 국정보조원(國淨普照願)

제가 부처가 될 적에, 그 불국토가 한없이 청정하여, 시방 일체의 무량 무수한 모든 부처님 세계를 모두 낱낱이 비춰 봄이 마치 맑은 거울로 얼굴을 비춰 보는 것과 같지 않다면, 저는 차라리 부처가 되지 않겠나이다.

〈원문〉

說我得佛(설아득불)하올 제 國土(국토)가 淸淨(청정)하여 皆悉照見(개실조견) 十方一切無量無數(시방일체무량무수) 不可思議諸佛世界(불가사의제불세계)호되 猶如明鏡(유여명경)에 覩其面像(도기면상)인달하야 若不爾者(약불이자)면 不取正覺(불취정각) 호리이다.

만약 제가 부처가 될 적에, 내 불국토는 한없이 맑고 깨끗하여 수없는 부처님 세계를 비춰보되 마치 거울로 얼굴을 비춰보듯 할 것. 만약 그렇지 못한다면, 부처가 되지 않겠습니다.

〈풀이 말씀〉

원을 세우신 뜻은, 어느 국토의 장엄은 깨끗한 거울과 같아서 시방세계의 불국토가 그 안에 비춰지지만, 어느 나라는 더러워서 시방세계를 비출 수 없다. 그래서 법장보살은 스스로 세우신 극락국토를 청정한 나라로 하기 위해 이 서원을 세우신 것이다.

아미타불 48대원

제32. 국토엄식원(國土嚴飾願)

　제가 부처가 될 적에, 지상이나 허공에 있는 모든 궁전이나 누각이나 흐르는 물이나 꽃과 나무, 나라 안에 있는 일체 만물은 모두 헤아릴 수 없는 보배와 백천 가지의 향으로 이루어지고, 그 장엄하고 기묘함이 인간계나 천상계에서는 비교할 수 없으며, 그 미묘한 향기가 시방세계에 두루 풍기면 보살들은 그 향기를 맡고 모두 부처님의 행을 닦게 되리니, 만약 그렇지 않다면, 저는 차라리 부처가 되지 않겠나이다.

〈원문〉

　說我得佛(설아득불)하올 제 自地已上(자지이상)으로 至于虛空(지우허공)토록 宮殿樓觀(궁전루관)과 池流華樹(지류화수)와 國中所有一切萬物(국중소유일체만물)이 皆以無量雜寶(개이무량잡보)와 百千種香(백천종향)으로 而共合成(이공합성)하여 嚴飾奇妙(엄식기묘)하야 超諸天人(초제천인)하고 其香普薰十方世界(기향보훈시방세계)하야 菩薩聞者(보살문자)가 皆修佛行(개수불행)이니 若不爾者(약불이자)면 不取正覺(불취정각) 호리이다.

　만약 제가 부처가 될 적에, 내 불국토는 지상이나 허공에 있는 궁전이나 누각, 시냇물, 연못 화초나 나무 등 온갖 것들이 모두 여러 가지 보석과 향으로 되어 비길 데 없이 훌륭하며, 거기에서 풍기는 향기는 시방세계에 두루 퍼져 그것을 맡는 이는 모두 거룩한 부처님의 행을 닦게 될 것. 만약 그렇지 못한다면, 부처가 되지 않겠습니다.

〈풀이 말씀〉

원을 세우신 뜻은, 어느 나라는 많은 보석으로 되어 있으며 항상 미묘한 향기가 나고, 어느 나라에는 이와 같은 것이 없다. 그래서 법장보살은 자기가 세운 극락국토는 많은 보석과 묘한 향기로 장식되어 있는 국토로 만들기 위해 이 서원을 세우신 것이다.

제33. 몽광안락원(蒙光安樂願)

제가 부처가 될 적에, 시방세계의 한량없고 불가사의한 모든 불국토의 중생들로서, 저의 광명이 그들의 몸에 비치어 접촉한 이는 그 몸과 마음이 부드럽고 상냥하여 인간과 천상을 초월하리니, 만약 그렇지 않다면, 저는 차라리 부처가 되지 않겠나이다.

〈원문〉

說我得佛(설아득불)하올 제 十方無量(시방무량) 不可思議諸佛世界(불가사의제불세계)의 衆生之類(중생지류)가 蒙我光明(몽아광명)하야 觸其體者(촉기체자)가 身心柔軟(신심유연)하야 超過天人(초과천인)이니 若不爾者(약불이자)면 不取正覺(불취정각) 호리이다.

만약 제가 부처가 될 적에, 시방세계의 한량없는 중생들이 내 광명에 비치기만 해도 그 몸과 마음이 부드럽고 깨끗하여 인간과 하느님을 초월하리니, 만일 그렇지 못한다면, 부처가 되지 않겠습니다.

〈풀이 말씀〉

원을 세우신 뜻은, 어느 나라 부처님은 시방세계의 사람들을 광명으로 제도하고, 어느 나라의 부처님은 광명으로 제도하지 못하기 때문에 광명으로 시방세계의 사람들을 구원하기 위해 이 서원을 세우신 것이다.

제34. 문명지과원(聞名至果願)

제가 부처가 될 적에, 시방세계의 헤아릴 수 없고 불가사의한 모든 부처님 세계의 중생들이 제 이름[아미타불]을 듣고, 보살의 무생법인(無生法忍)과 깊은 지혜 공덕인 다라니 법문을 얻을 수 없다면, 저는 차라리 부처가 되지 않겠나이다.

〈원문〉

說我得佛(설아득불)하올 제 十方無量(시방무량) 不可思議諸佛世界(불가사의제불세계)의 衆生之類(중생지류)가 聞我名字(문아명자)하고 不得菩薩無生法忍(부득보살무생법인)과 諸深總持者(제심총지자)면 不取正覺(불취정각) 호리이다.

만약 제가 부처가 될 적에, 시방세계의 어떤 중생이나 내 이름을 듣기만 해도 보살의 무생법인과 온갖 깊은 지혜를 얻게 될 것. 그렇지 못한다면, 부처가 되지 않겠습니다.

〈풀이 말씀〉

원을 세우신 뜻은, 어느 나라 사람들은 부처님의 명호를 듣고 무생법인(無生法忍)과 다라니를 얻지만, 어느 나라 사람은 얻을 수 없다. 그래서 "나무아미타불"이라는 명호를 듣고도 헛되게 지내는 사람을 가엾이 여겨 이 서원을 세우신 것이다.

제35. 여인왕생원(女人往生願)

　제가 부처가 될 적에, 시방세계의 헤아릴 수 없고 불가사의한 부처님 세계의 여인들이 제 이름[아미타불]을 듣고 환희심을 내어 보리심을 일으키고 여자의 몸을 싫어한 이가 목숨을 마친 후에 다시금 여인이 된다면, 저는 차라리 부처가 되지 않겠나이다.

〈원문〉

　說我得佛(설아득불)하올 제 十方無量(시방무량) 不可思議諸佛世界(불가사의제불세계)에 其有女人(기유여인)하야 聞我名者(문아명자)하고 歡喜信樂(환희신요)하야 發菩提心(발보리심)하고 厭惡女身(염오여신)하야 壽終之後(수종지후)에 復爲女像者(부위여상자)면 不取正覺(불취정각) 호리이다.

　만약 제가 부처가 될 적에, 시방세계의 어떤 여인이든지 내 이름을 듣고 기뻐하여 보리심을 내는 이가 만약 여인의 몸을 싫어하면, 죽은 후 다음 세상에는 다시 여인의 몸을 받지 않을 것. 만일 그렇지 못한다면, 부처가 되지 않겠습니다.

〈풀이 말씀〉

　원을 세우신 뜻은, 어느 나라는 여인의 왕생극락을 허락하지 않고, 어느 나라는 여인의 왕생극락을 허락한다. 그래서 법장보살은 장애가 많은 여인을 가엾이 여겨 이 서원을 세우신 것이다.

제36. 성취총지원(成就總持願)

　제가 부처가 될 적에, 시방세계의 헤아릴 수 없고 불가사의한 모든 부처님 세계의 보살들이 제 이름[아미타불]을 듣고 수명이 다한 후에도 만약 청정한 수행을 할 수 없고, 마침내 성불하지 못한다면, 저는 차라리 부처가 되지 않겠나이다.

〈원문〉

　說我得佛(설아득불)하올 제 十方無量(시방무량) 不可思議諸佛世界(불가사의제불세계)에 諸菩薩衆(제보살중)이 聞我名者(문아명자)하면 壽終之後(수종지후)에 常修梵行(상수범행)하야 至成佛道(지성불도)하되 若不爾者(약불이자)면 不取正覺(불취정각) 호리이다.

　만약 제가 부처가 될 적에, 시방세계의 한량없는 보살들이 내 이름을 듣기만 하여도 죽은 뒤에도 항상 청정한 행을 닦아 필경에 성불하게 될 것. 만약에 그렇지 못한다면, 부처가 되지 않겠습니다.

〈풀이 말씀〉

　원을 세우신 뜻은, 어느 나라 보살은 청정한 범행(梵行)을 수행해도 다시 태어나면 잊어버려 전생의 수행에 이를 수 없고, 어느 나라 보살은 다시 태어나도 이것을 수행해서 깨달을 수 없다. 따라서 범행을 잃어버린 사람을 가엾이 여겨 이 서원을 세우신 것이다.

제37. 천인경례원(天人敬禮願)

제가 부처가 될 적에, 시방세계의 헤아릴 수 없고 불가사의한 모든 부처님 세계의 중생들이 제 이름[아미타불]을 듣고 땅에 엎드려 부처님을 예배하며 환희심과 신심을 내어 보살행을 닦을 제, 모든 천신(天神)과 인간들이 그들을 공경하지 않는다면, 저는 차라리 부처가 되지 않겠나이다.

〈원문〉

說我得佛(설아득불)하올 제 十方無量(시방무량) 不可思議諸佛世界(불가사의제불세계)에 諸天人民(제천인민)이 聞我名者(문아명자)하고 五體投地(오체투지)하야 稽首作禮(계수작례)하고 歡喜信樂(환희신요)하야 修菩薩行(수보살행)하거든 諸天世人(제천세인)이 莫不致敬(막불치경)이니 若不爾者(약불이자)면 不取正覺(불취정각) 호리이다.

만약 제가 부처가 될 적에, 시방세계의 한량없는 천인이나 인간이 내 이름을 듣고 예배하며 귀의하고 즐거운 마음으로 보살행을 닦으면 모든 천인과 인간의 공경을 받게 될 것. 만약 그렇지 못한다면, 부처가 되지 않겠습니다.

〈풀이 말씀〉

원을 세우신 뜻은, 어느 나라 사람들은 부처님께 예배하며 보살행을 하는데 천인이나 일반 사람들이 경멸하고, 어느 나라 사람들은 존경 받는다. 그래서 다른 사람들에게 경시(輕視) 받아서 불도수행을 중도에 그치는 사람을 가엾이 여겨 이 서원을 세우신 것이다.

제38. 수의수념원(須衣隨念願)

제가 부처가 될 적에, 그 나라의 중생들이 의복을 얻고자 하면 생각하는 대로 바로 훌륭한 옷이 저절로 입혀지게 되는 것이, 마치 부처님이 찬탄하시는 가사가 자연히 비구들의 몸에 입혀지는 것과 같으리니, 만약 그렇지 않고 바느질이나 다듬이질이나 물들이거나 빨래할 필요가 있다면, 저는 차라리 부처가 되지 않겠나이다.

〈원문〉

說我得佛(설아득불)하올 제 國中天人(국중천인)이 欲得衣服(욕득의복)하면 隨念卽至(수념즉지)하야 如佛所讚(여불소찬) 應法妙服(응법묘복)이 自然在身(자연재신)이요 若有裁縫(약유재봉) 搗染浣濯者(도염완탁자)면 不取正覺(불취정각) 호리이다.

만약 제가 부처가 될 적에, 내 불국토에 태어나는 중생들은 옷 입을 생각만 해도 아름다운 옷이 저절로 입혀지고, 바느질한 자국이나 물들인 흔적이나 빨래할 필요가 있다면, 부처가 되지 않겠습니다.

〈풀이 말씀〉

원을 세우신 뜻은, 어느 나라 사람들은 의복 때문에 몸과 마음이 괴로워서 많은 죄업을 짓는가 하면, 어느 나라 사람들은 생각대로 저절로 의복을 입을 수 있다. 그래서 의복 때문에 괴로워하는 사람들을 가엾이 여겨 이 서원을 세우신 것이다.

무량수경(無量壽經) 앞부분과
아미타불 48원

제39. 수락심정원(受樂心淨願)

제가 부처가 될 적에, 그 나라의 중생들이 누리는 상쾌한 즐거움이 일체 번뇌를 모두 여읜 비구와 같지 않다면, 저는 차라리 부처가 되지 않겠나이다.

〈원문〉

說我得佛(설아득불)하올 제 國中天人(국중천인)의 所受快樂(소수쾌락)이 不如漏盡比丘者(불여누진비구자)면 不取正覺(불취정각) 호리이다.

만약 제가 부처가 될 적에, 내 불국토에 태어나는 중생들은 생각하는 대로 받는 즐거움이 번뇌가 없어진 비구와 같이 되지 않으면, 부처가 되지 않겠습니다.

〈풀이 말씀〉

원을 세우신 뜻은, 어느 나라 사람들은 찰나의 즐거움을 좇아 영겁 동안 괴로운 과보를 받는 줄 모르는가 하면, 어느 나라 사람들은 한없는 즐거움을 받는다. 그래서 찰나의 즐거움에 사로잡힌 사람들을 가엾이 여겨 이 서원을 세우신 것이다.

제40. 수현불찰원(須現佛刹願)

제가 부처가 될 적에, 그 나라의 보살들이 시방세계의 헤아릴 수 없는 청정한 불국토를 보고자 하면, 그 소원대로 보배나무에서 모두 낱낱이 비춰 보는 것이, 마치 맑은 거울에 그 얼굴을 비춰 보는 것과 같으리니 만일 그렇지 않다면, 저는 차라리 부처가 되지 않겠나이다.

〈원문〉

說我得佛(설아득불)하올 제 國中菩薩(국중보살)이 隨意欲見(수의욕견) 十方無量嚴淨佛土(시방무량엄정불토)하면 應時如願(응시여원)하야 於寶樹中(어보수중)에 皆悉照見(개실조견)호되 猶如明鏡(유여명경)에 覩其面像(도기면상)이니 若不爾者(약불이자)면 不取正覺(불취정각) 호리이다.

만약 제가 부처가 될 적에, 내 불국토에 태어나는 중생들이 시방세계에 있는 부처님들의 국토를 보려고 하면 소원대로 보석의 나무에 나타나 비추어지기를 거울에 얼굴이 비치듯 할 것. 그렇게 되지 않는다면, 부처가 되지 않겠습니다.

〈풀이 말씀〉

원을 세우신 뜻은, 어느 나라의 보살들은 생각대로 시방세계의 불국토를 볼 수 없다. 그래서 불국토를 보고 싶다고 원하는 보살들을 가

없이 여겨 이 서원을 세우신 것이다.

아미타불 48대원

제41. 제근구족원(諸根具足願)

제가 부처가 될 적에, 다른 세계의 여러 보살들이 제 이름[아미타불]을 듣고 부처님이 될 때까지 육근(六根)이 원만하여 불구자가 되는 일이 없으리니 만약 그렇지 않다면, 저는 차라리 부처가 되지 않겠나이다.

〈원문〉

說我得佛(설아득불)하올 제 他方國土(타방국토)의 諸菩薩衆(제보살중)이 聞我名字(문아명자)하되 至于得佛(지우득불)토록 諸根缺漏(제근결루)하여 不具足者(불구족자)면 不取正覺(불취정각) 호리이다.

만약 제가 부처가 될 적에, 다른 세계 보살들로서 내 이름을 들은 이가 성불할 때까지 눈, 코 귀, 혀, 몸, 생각이 원만하지 못하고 만약 불구자가 있다면, 부처가 되지 않겠습니다.

〈풀이 말씀〉

원을 세우신 뜻은, 어느 나라 보살은 불도를 수행해도 삿된 업에 방해 되어서 육근을 갖추지 못하고, 어느 나라의 보살은 육근(六根)을 구비한다. 그래서 육근을 갖추지 못한 불구자를 가엾이 여겨 이 서원을 세우신 것이다.

제42. 청정해탈원(清淨解脫願)

제가 부처가 될 적에 다른 세계의 보살들이 제 이름[아미타불]을 들은 이는 모두 청정한 해탈삼매를 얻을 것이며, 매양 이 삼매에 머물러 한 생각 동안에 헤아릴 수 없고 불가사의한 모든 부처님을 공양하고도 오히려 삼매를 잃지 않으리니, 만일 그렇지 않다면, 저는 차라리 부처가 되지 않겠나이다.

〈원문〉

說我得佛(설아득불)하올 제 他方國土(타방국토)의 諸菩薩衆(제보살중)이 聞我名字(문아명자)하면 皆悉逮得清淨解脫三昧(개실체득청정해탈삼매)하리니, 住是三昧(주시삼매)하야 一發意頃(일발의경)에 供養無量不可思議(공양무량불가사의) 諸佛世尊(제불세존)호되 而不失定意(이부실정의)하야 若不爾者(약불이자)면 不取正覺(불취정각) 호리이다.

만약 제가 부처가 될 적에, 다른 세계의 보살들로서 내 이름을 들은 이는 모두 깨끗한 해탈삼매를 얻게 되고, 이 삼매를 얻은 이는 잠깐사이에 한량없는 부처님께 공양하면서도 삼매를 잃지 않을 것. 만약 그렇게 되지 않으면, 부처가 되지 않겠습니다.

〈풀이 말씀〉

원을 세우신 뜻은, 어느 나라 보살은 사(事: 현상계現象界)와 이(理:

진리계眞理界)가 융합하지 않고, 어느 나라 보살은 융합한다. 그래서 사(事)와 이(理)가 서로 방해하는 것을 가엾이 여겨 이 서원을 세우신 것이다.

무량수경(無量壽經) 앞부분과
아미타불 48원

제43. 문생호귀원(聞生豪貴願)

제가 부처가 될 적에, 다른 세계의 보살들이 제 이름[아미타불]을 듣고도 수명이 다한 후에 존귀한 집에 태어나지 않는다면, 저는 차라리 부처가 되지 않겠나이다.

〈원문〉

說我得佛(설아득불)하올 제 他方國土(타방국토)의 諸菩薩衆(제보살중)이 聞我名字(문아명자)하면 壽終之後(수종지후)에 生尊貴家(생존귀가)니 若不爾者(약불이자)면 不取正覺(불취정각)호리이다.

만약 제가 부처가 될 적에, 다른 세계의 보살들로서 내 이름을 들은 이는 (죽은 뒤) 다음 세상에 어진 가정에 태어날 것. 만약 그렇게 되지 않는다면, 부처가 되지 않겠습니다.

〈풀이 말씀〉

원을 세우신 뜻은, 어느 나라의 보살은 비천한 몸으로 태어나 사람들을 교화할 수 없고, 어느 나라 보살은 항상 존귀한 집에 태어나 자유롭게 사람들을 교화한다. 그래서 미천한 몸으로 태어나는 사람을 가엾이 여겨 이 서원을 세우신 것이다.

제44. 구족선근원(具足善根願)

제가 부처가 될 적에 다른 세계의 보살들이, 제 이름[아미타불]을 듣고 한없이 기뻐하며 보살행을 닦아서 모든 공덕을 갖추리니, 만일 그렇지 않다면 저는 차라리 부처가 되지 않겠나이다.

〈원문〉

說我得佛(설아득불)하올 제 他方國土(타방국토)의 諸菩薩衆(제보살중)이 聞我名字(문아명자)하면 歡喜踊躍(환희용약)하야 修菩薩行(수보살행)하야 具足德本(구족덕본)이니 若不爾者(약불이자)면 不取正覺(불취정각) 호리이다.

만약 제가 부처가 될 적에, 다른 세계의 보살들로서 내 이름을 들은 이는 즐거운 마음으로 보살행을 닦아 선근공덕을 갖추게 될 것. 만약 그렇게 되지 않는다면, 부처가 되지 않겠습니다.

〈풀이 말씀〉

원을 세우신 뜻은, 어느 나라의 보살은 불도를 수행해도 공덕의 근본을 얻을 수 없고, 어느 나라 보살은 능히 공덕의 근본을 구족한다. 그래서 덕본(德本)이 없는 사람을 가엾이 여겨 이 서원을 세우신 것이다.

제45. 주정견불원(住定見佛願)

제가 부처가 될 적에, 다른 세계의 보살들이 제 이름[아미타 불]을 들으면, 그들은 모든 부처님을 두루 뵈올 수 있는 삼매를 얻을 것이며, 매양 이 삼매에 머물러 성불하기까지 언제나 불가사의한 일체 모든 부처님을 뵈올 수 있으리니, 만일 그렇지 않다면 저는 차라리 부처가 되지 않겠나이다.

〈원문〉

說我得佛(설아득불)하올 제 他方國土(타방국토)의 諸菩薩衆(제보살중)이 聞我名字(문아명자)하면 皆悉逮得普等三昧(개실체득보등삼매)니, 住是三昧(주시삼매)하야 至于成佛(지우성불)토록 常見無量不可思議(상견무량불가사의) 一切如來(일체여래)니 若不爾者(약불이자)면 不取正覺(불취정각) 호리이다.

만약 제가 부처가 될 적에, 다른 세계의 보살들로서 내 이름을 들은 이는 한량없는 부처님을 한꺼번에 뵈올 수 있는 평등한 삼매[보등삼매普等三昧]를 얻어 성불할 때까지 항상 수없는 부처님을 만나게 될 것. 만약 그렇게 되지 않으면, 부처가 되지 않겠습니다.

〈풀이 말씀〉

원을 세우신 뜻은, 어느 나라 보살은 부처님을 친견할 결정(決定)을 얻어 항상 부처님을 뵈올 수 있지만, 어느 나라 보살은 부처님을 뵈올 수 없다. 그래서 부처님을 친견할 수 없는 사람을 가엾이 여겨 이 서원을 세우신 것이다.

무량수경(無量壽經) 앞부분과
아미타불 48원

제46. 욕문자문원(欲聞自聞願)

제가 부처가 될 적에, 그 나라의 보살들은 듣고자 하는 법문을 소원대로 자연히 들을 수 있으리니, 만약 그렇지 않다면 저는 차라리 부처가 되지 않겠나이다.

〈원문〉

說我得佛(설아득불)하올 제 國中菩薩(국중보살)이 隨其志願(수기지원)하야 所欲聞法(소욕문법)이 自然得聞(자연득문)이니, 若不爾者(약불이자)면 不取正覺(불취정각) 호리이다.

만약 제가 부처가 될 적에, 내 불국토에 태어나는 보살들은 소원대로 듣고 싶은 법문을 저절로 듣게 될 것. 만약 그렇게 되지 않는다면, 부처가 되지 않겠습니다.

〈풀이 말씀〉

원을 세우신 뜻은, 어느 나라 보살은 부처님의 법을 듣는 것이 매우 적고, 어느 나라 보살은 원하는 대로 들을 수 있다. 그래서 자유롭게 법을 들을 수 없는 사람을 가엾이 여겨 이 서원을 세우신 것이다.

제47. 보리무퇴원(菩提無退願)

제가 부처가 될 적에, 다른 세계의 보살들이 제 이름[아미타불]을 듣고 나서 일체 공덕이 물러나지 않는 불퇴전(不退轉)의 자리에 이를 수 없다면, 저는 차라리 부처가 되지 않겠나이다.

〈원문〉

說我得佛(설아득불)하올 제 他方國土諸菩薩衆(타방국토제보살중)이 聞我名字(문아명자)하고 不卽得至不退轉者(부즉득지불퇴전자)면 不取正覺(불취정각) 호리이다.

만약 제가 부처가 될 적에, 다른 세계의 보살들로서 내 이름을 들은 이가 곧 물러나지 않는[불퇴전不退轉] 자리에 이를 수 없다면, 부처가 되지 않겠습니다.

〈풀이 말씀〉

원을 세우신 뜻은, 어느 나라 보살은 불도를 수행하는 도중에 수행을 그만두고, 어느 나라 보살은 불퇴전의 위치에 나아간다. 그래서 도중에 그만 두는 사람을 가엾이 여겨 이 서원을 세우신 것이다.

제48. 현획인지원(現獲忍地願)

　제가 부처가 될 적에, 다른 세계의 보살들이 제 이름[아미타불]만 듣고도 바로, 설법을 듣고 깨닫는 음향인(音響忍)과 진리에 수순하는 유순인(柔順忍)과 나지도 죽지도 않는 도리를 깨닫는 무생법인(無生法忍)을 성취하지 못하고, 모든 불법에서 물러나지 않는 불퇴전의 자리를 얻을 수 없다면, 저는 차라리 부처가 되지 않겠나이다.

〈원문〉

　說我得佛(설아득불)하올 제 他方國土(타방국토)의 諸菩薩衆(제보살중)이 聞我名字(문아명자)하고 不卽得至(부즉득지) 第一第二諸三法忍(제일제이제삼법인)하고 於諸佛法(어제불법)에 不能卽得不退轉者(불능즉득불퇴전자)면 不取正覺(불취정각) 호리이다.

　만약 제가 부처가 될 적에, 다른 세계의 보살들로서 내 이름을 들은 이는, 첫째로 설법을 듣고 깨달을 것[제일법인], 둘째로 진리에 수순하여 깨달을 것[제이법인]. 셋째로 나지도 않고 죽지도 않는 도리를 깨달아 부처님의 가르침에 물러나지 않을 것[제삼법인]입니다. 만약 이 원을 이루지 못한다면, 부처가 되지 않겠습니다.

원을 세우신 뜻은, 어느 나라 보살은 원행(願行)을 중단해서 삼법인(三法忍)을 얻을 수 없고, 어느 나라 보살은 삼법인을 얻는다. 그래서 물러나는 사람을 가엾이 여겨 이 서원을 세우신 것이다.

아난아, 법장비구는 세자재왕 부처님 앞에서 이와 같이 48가지의 서원을 낱낱이 아뢰고 나서, 다시 게송(노래)으로써 거듭 서원을 밝혔느니라.

「내가 세운 서원은 세상에 없는 일.
위없는 바른 길 가고야 말리!
이 원을 원만히 성취 못하면
맹세코 부처는 되지 않으리.

한량없는 오랜 겁(劫)의 세월을 두고
내가 만일 큰 시주가 되지 못하여
가난한 고해(苦海) 중생 제도 못하면
맹세코 부처는 되지 않으리.

내가 만일 위없는 부처가 되어
그 이름 온 누리에 떨쳐 넘칠 때
못 들은 누구라도 있을 적에는
맹세코 부처는 되지 않으리.

욕심 여읜 바른 길 깊이 지니고
청정한 지혜로 도를 닦아서
위없는 진리를 모두 갖추어
천상과 인간의 스승이 되리.

신통력과 빛나는 광명 나투고
끝없는 모든 세계 두루 비추어
탐진치(貪嗔痴)의 검은 때를 녹여 버리고
중생의 온갖 재난 구제하리라.

그네들의 지혜 눈 밝게 열어서
이 세상 어두운 이 눈뜨게 하며
여러 가지 나쁜 길 막아 버리고
좋은 세상 가는 길 활짝 열리라.

지혜와 공덕을 두루 갖추고
거룩한 광명은 시방에 넘쳐
해와 달이 밝은 빛 내지 못하고
천상의 광명도 숨어 버리네.

중생을 위하여 진리 밝히고
공덕의 보배를 널리 베풀며

언제나 많은 대중 모인 가운데
사자(獅子)의 외침으로 법을 설하네.

온 세계 부처님께 공양 올리며
한량없는 공덕을 두루 갖추고
서원과 지혜를 모두 이루어
삼계의 영웅인 부처 되리라.

부처님의 걸림 없는 지혜와 같이
모든 것 통달하여 두루 비치니
바라건대 내 공덕 밝은 지혜가
세자재왕 부처님과 같을 지이다.

정녕 이 서원이 이루어지면
삼천대천세계가 감동을 하고
허공중에 가득한 하늘 사람들,
신묘한 꽃비를 뿌려 주리라.」

법장비구가 이 게송[싯구]을 읊고 나자 바로 대지는 여섯 가지로
진동하고 하늘에서는 신묘한 꽃이 비 오듯이 흩날리며, 난데없이 천
연한 음악이 은은하게 울리는데 허공중에서,
「법장비구여, 그대는 결정코 반드시 위없는 대도를 성취하여 부처

가 되리라.」

하고 찬탄하는 소리가 들려 왔느니라.

이때 법장비구는 이와 같은 큰 서원을 원만히 성취하려는 진실한 마음이 추호도 흐트러지지 않고 모든 세상일을 초월하여 간절히 열반(涅槃)의 경계를 흠모하여 마지않았느니라.

아미타불 48대원

바른 소리[산스크리트 어]로 옮긴 아미타경(阿彌陀經)

요진(姚秦) 꾸차 삼장 꾸마라지바 옮김

[한문]

如是我聞

一時 佛在舍衛國祇樹給孤獨園 與大比丘僧 千二百五十人
俱 皆是大阿羅漢衆所知識

[옮긴 글]

이렇게 나는 들었다.

한 때 붇다(佛)께서 스라바쓰띠(舍衛國) 제따 숲 베품동산에서 큰
빅슈쌍가(bhikṣu- saṃgha, 比丘僧伽) 1,250명과 함께 계셨는데, 모두
잘 알려진 큰 아르한(阿羅漢)들이었다.

[한문]

尒時 佛告長老舍利弗, 從是西方 過十萬億佛土 有世界 名
曰極樂 其土有佛 号阿弥陁 今現在說法

舍利弗 彼土 何故 名爲極樂, 其國衆生 無有衆苦 但受諸樂
故名極樂

[옮긴 글]

그때 붇다께서 사리뿌뜨라(舍利佛) 장로에게 말씀하셨다.

"여기서 서쪽으로 1조(兆) 붇다나라(佛國土)를 지나면 극락(極樂)이
라는 세계가 있는데, 그 나라에는 아미따(阿弥陁)라는 붇다가 계시고,

아미타불 48대원

지금도 가르침을 펴고 계신다.

사리뿌뜨라여, 그 나라를 왜 극락이라 부르는지 아는가? 그 나라 중생들은 괴로움이란 전혀 없고, 온갖 즐거움만 누리기 때문에 극락이라 한다.

[한문]

又舍利弗 極樂國土 七重欄楯 七重羅網 七重行樹 皆是四寶 周匝圍繞 是故 彼國名爲極樂

又舍利弗 極樂國土 有七寶池 八功德水充滿 其中池底 純以金沙布地 四邊階道 金銀琉璃 頗梨合成

上有樓閣 亦以金銀琉璃 頗梨車渠 赤珠馬瑙 而嚴飾之

池中蓮花 大如車輪 靑色靑光 黃色黃光 赤色赤光 白色白光 微妙香潔

舍利弗 極樂國土 成就如是功德莊嚴

[옮긴 글]

사리뿌뜨라여, 극락세계는 또 일곱 겹 다락집·일곱 겹 그물·일곱 겹 나무숲이 모두 네 가지 보석으로 두루 둘러싸여 있기 때문에 그 나라를 극락이라고 한다.

사리뿌뜨라여, 극락에는 또 일곱 가지 보석으로 된 못이 있는데, 그 안에는 여덟 가지 공덕의 물[八功德水]이 가득 차 있고, 못 바닥은 온통 금모래가 깔려 있다.

네 가장자리 계단과 길은 금·은·괭이눈 보석·수정으로 되어 있고, 그 위에 있는 다락집도 금·은·괭이눈 보석·수정·산호·붉은 구슬·비취로 장엄하게 꾸며졌다.

못 속에는 수레바퀴만한 연꽃이 있는데, 푸른색은 푸른 빛, 노란색은 노란 빛, 붉은색은 붉은 빛, 하얀색은 하얀 빛이 나서 미묘하고 향기롭고 깨끗하다.

사리뿌뜨라여, 극락세계는 이처럼 본바탕이 뛰어나게 잘 꾸며져 있다.

[한문]

又舍利弗 彼佛國土 常作天樂 黃金爲地 晝夜六時 天雨曼陀羅華

其國衆生 常以淸旦 各以衣裓 盛衆妙華 供養他方十萬億佛 卽以食時 還到本國 飯食經行

舍利弗 極樂國土 成就如是 功德莊嚴

[옮긴 글]

사리뿌뜨라여, 또 그 붇다나라에는 늘 하늘음악이 울려 퍼지고, 땅은 황금으로 되어 있다. 밤낮 여섯때 하늘에서 만다라 꽃비가 내리므로, 그 나라 중생들은 이른 아침이면 언제나 저마다 옷자락에 갖가지

예쁜 꽃을 받아 다른 나라에 가서 1조 분의 붇다께 이바지[공양供養]하고, 끼니때가 되면 자기 나라로 돌아와서 밥 먹고 수행을 한다.

사리뿌뜨라여, 극락세계는 이처럼 본바탕이 뛰어나게 잘 꾸며져 있다.

[한문]

復次 舍利弗 彼國常有種種奇妙雜色之鳥 白鵠 孔雀 鸚鵡 舍利 迦陵頻伽 共命之鳥

是諸衆鳥 晝夜六時 出和雅音 其音演暢 五根 五力 七菩提分 八聖道分 如是等法

其土衆生 聞是音已 皆悉念佛 念法 念僧

舍利弗 汝勿謂 此鳥實是罪報所生 所以者何 彼佛國土 無三惡趣

舍利弗 其佛國土 尙無三惡道之名 何況有實 是諸衆鳥 皆是阿弥陁佛 欲令法音宣流 變化所作

舍利弗 彼佛國土 微風吹動 諸寶行樹 及寶羅網 出微妙音 譬如百千種樂 同時俱作

聞是音者 皆自然 生念佛 念法 念僧之心

舍利弗 其佛國土 成就如是 功德莊嚴

[옮긴 글]

사리뿌뜨라여, 또한 그 나라에는 늘 온갖 기묘한 빛깔의 새들이 있는데, 고니·공작·앵무·사리·깔라빙까(Kalaviṅka, 가릉빈가)·공명(共命) 같은 여러 새들이 밤낮 여섯때 서로 어울려 우아한 소리를 낸다.

그 소리는 5가지 뿌리[五根]·5가지 힘[五力]·7가지 깨치는 법[七菩提分]·8가지 괴로움을 없애는 길[八聖道分] 같은 가르침을 펴는 것이기 때문에, 이 소리를 들은 중생들은 모두 마음에 붇다(佛)를 새기고, 가르침(法)을 새기고, 쌍가(saṁga, 僧伽·僧)를 새긴다.

사리뿌뜨라여, 이 새들이 실제로 죄를 지은 과보로 태어난 것이라 여겨서는 안 된다. 왜냐 하면, 그 붇다나라에는 세 가지 나쁜 길[三惡趣]이 없기 때문이다.

사리뿌뜨라여, 그 붇다나라에는 세 가지 나쁜 길[三惡道]이라는 이름도 없는데, 어떻게 실제로 [나쁜 길이] 있을 수 있겠느냐? 이 새들은 모두 아미따불께서 가르침[法音]을 널리 펴고자 바꾸어 만든 것이다.

사리뿌뜨라여, 저 붇다나라에는 산들바람이 온갖 보배 나무숲과 보배 그물을 흔들어 미묘한 소리를 내니, 마치 백천 가지 음악이 한꺼번에 울려 퍼지는 것 같다. 이 소리를 듣는 이는 모두 붇다를 생각[念佛]하고, 가르침을 생각[念法]하고, 쌍가를 생각[念僧]하는 마음이 저절로 일어난다.

사리뿌뜨라여, 그 붇다나라는 이처럼 본바탕이 뛰어나게 잘 꾸며져 있다.

[한문]

舍利弗 於汝意云何 彼佛何故号阿弥陁

舍利弗 彼佛光明無量 照十方國 無所障碍 是故 号爲阿弥陁

又 舍利弗 彼佛壽命及其人民 無量無邊阿僧祇劫 故名阿
弥陁

舍利弗 阿弥陁佛成佛已來 於今十劫

又 舍利弗 彼佛有無量無邊聲聞弟子 皆阿羅漢 非是筭數
之所能知 諸菩薩亦復如是

舍利弗 彼佛國土 成就如是功德莊嚴

[옮긴 글]

사리뿌뜨라여, 어떻게 생각하느냐? 저 붇다를 왜 아미따라고 부르
겠느냐?

사리뿌뜨라여, 저 붇다의 밝고 환한 빛이 그지없어 시방세계를 두루
비추어도 걸림이 없으므로 아미따바(Amitābha, 無量光)라 부른다.

사리뿌뜨라여, 또 저 붇다와 백성들의 목숨이 그지없고 가없기 때
문에 아미따윳(Amitāyus, 無量壽)이라 부른다.

사리뿌뜨라여, 아미따불께서 붇다가 되신 지 이제 10깔빠(劫)가 되
었다.

사리뿌뜨라여, 또 저 붇다에게는 그지없고 가없는 성문(聲聞) 제자
들이 있는데, 모두 아르한이며, 수로 헤아려서는 알 수 없을 만큼 많다.
여러 보디쌀바(菩薩摩訶薩)들도 마찬가지다.

사리뿌뜨라여, 저 붇다나라는 이처럼 본바탕이 뛰어나게 잘 꾸며져 있다.

[한문]

又 舍利弗 極樂國土 眾生生者 皆是阿鞞跋致 其中多有一生補處 其數甚多 非是筭數所能知之 但可以無量無邊阿僧祇劫說

舍利弗 眾生聞者 應當發願 願生彼國 所以者何 得與如是諸上善人 俱會一處

[옮긴 글]

사리뿌뜨라여, 또한 극락세계 중생으로 태어나는 이들은 모두 물러서지 않는 자리[阿鞞跋致, 不退轉]에 이른 보디쌑바들이며, 그 가운데 한 번만 더 태어나면 붇다가 되는[一生補處] 보디쌑바들도 많다. 그 수가 너무 많아 헤아려서는 알 수가 없으며, 그지없고[無量] 가없고[無邊] 셀 수 없는[無數] 깔빠(劫) 동안 말해야 할 것이다."

"사리뿌뜨라여, 이 말을 들은 중생들은 마땅히 그 나라에 태어나길 바라는 생각을 내야 한다. 왜냐 하면 이처럼 어진 사람들과 한 곳에서 모두 함께 만날 수 있기 때문이다.

[한문]

舍利弗 不可以少善根福德因緣 得生彼國

舍利弗 若有善男子善女人 聞說阿弥陁佛 執持名号 若一日 若二日 若三日 若四日 若五日 若六日 若七日 一心不亂 其人 臨命終時 阿弥陁佛 與諸聖衆 現在其前 是人終時 心不顚倒 卽得往生阿弥陁佛極樂國土

舍利弗 我見是利 故說此言 若有衆生 聞是說者 應當發願 生彼國土

[옮긴 글]

사리뿟뜨라여, 선근(善根)과 복덕(福德)을 적게 쌓은 인연으로는 그 나라에 태어날 수 없다.

사리뿟뜨라여, 만일 선남선녀가 아미따 붓다에 대한 설법을 듣고 그 이름을 새기되[執名号], 하루나 이틀이나 사흘이나 나흘이나 닷새나 엿새나 이레 동안 한마음 흐트러지지 않게[一心不亂] 이어가면[持名号], 그 사람의 목숨이 다할 때 아미따불이 여러 성인들과 함께 그 앞에 나타나기 때문에, 그 사람이 목숨이 끊어질 때 마음이 무너지지 않고 바로 아미따불 극락세계에 가서 태어나게[往生] 된다.

사리뿟뜨라여, 나는 그런 사실을 분명히 보았기 때문에 하는 말이니, 이 말을 들은 중생은 마땅히 그 나라에 태어나길 바라는 마음을 내야[發願] 한다.

[한문]

舍利弗 如我今者 讚歎阿弥陁佛 不可思議功德 東方亦有 阿閦鞞佛 須彌相佛 大須弥佛 須弥光佛 妙音佛 如是等恒河 沙數諸佛 各於其國 出廣長舌相 遍覆三千大千世界 說誠實 言 汝等衆生 當信是稱讚不可思議功德 一切諸佛所護念經

[옮긴 글]

사리뿌뜨라여, 내가 지금 아미따불의 헤아릴 수 없는 공덕을 찬탄한 것처럼, 동녘에도 악쏘뱌라는 붇다[阿閦鞞佛], 쑤메루 깃발이라는 붇다[須彌相佛], 큰 쑤메루라는 붇다[大須弥佛], 쑤메루 빛이라는 붇다[須弥光佛], 뛰어난 소리라는 붇다[妙音佛]같이 강가강의 모래[恒河沙]처럼 많은 여러 붇다가 각기 자기 나라에서 넓고 긴 혀의 모습[廣長舌相]으로 3,000 큰 천세계를 두루 덮고, 실다운 말씀으로 '너희 중생들은 헤아릴 수 없는 공덕이라고 칭찬받는「모든 붇다가 보살피는 경」을 반드시 믿어야 한다.'고 말씀하신다.

[한문]

舍利弗 南方世界 有日月燈佛 名聞光佛 大焰肩佛 須弥燈 佛 無量精進佛 如是等恒河沙數諸佛 各於其國 出廣長舌相 遍覆三千大千世界 說誠實言 汝等衆生 當信是稱讚不可思議 功德 一切諸佛所護念經.

[옮긴 글]

사리뿌뜨라여, 남녘세계에는 해·달빛이라는 붇다[日月燈佛], 이름
난 빛이라는 붇다[名聞光佛], 큰 빛의 바탕이라는 붇다[大焰肩佛], 쑤
메루 빛이라는 붇다[須彌燈佛], 그지없는 정진이라는 붇다[無量精進
佛]같이 강가 강의 모래처럼 많은 여러 붇다가 각기 자기 나라에서
넓고 긴 혀의 모습으로 3,000 큰 천세계를 두루 덮고, 실다운 말씀으
로 '너희 중생들은 헤아릴 수 없는 공덕이라고 칭찬받는「모든 붇다
가 보살피는 경(經)」을 반드시 믿어야 한다'고 말씀하신다.

[한문]

舍利弗, 西方世界 有無量壽佛 無量相佛 無量幢佛 大光佛
大明佛 寶相佛 淨光佛 如是等恒河沙數諸佛 各於其國 出廣
長舌相 遍覆三千大千世界 說誠實言 汝等衆生 當信是稱讚
不可思議功德 一切諸佛所護念經

[옮긴 글]

사리뿌뜨라여, 서녘세계에는 그지없는 목숨이라는 붇다[無量壽佛],
그지없는 바탕이라는 붇다[無量相佛], 그지없는 깃발이라는 붇다[無
量幢佛], 큰 빛이라는 붇다[大光佛], 큰 밝음이라는 붇다[大明佛], 보배
깃발이라는 붇다[寶相佛], 맑게 비치는 빛이라는 붇다[淨光佛]같이 강
가 강의 모래처럼 많은 여러 붇다가 각기 자기 나라에서 넓고 긴 혀

의 모습으로 3,000 큰 천세계를 두루 덮고, 실다운 말씀으로 '너희 중생들은 헤아릴 수 없는 공덕이라고 칭찬 받는「모든 붇다가 보살피는 경」을 반드시 믿어야 한다'고 말씀하신다.

[한문]

舍利弗 北方世界 有焰肩佛 寂勝音佛 難沮佛 日生佛 網明佛 如是等 恒河沙數 諸佛 各於其國 出廣長舌相 遍覆三千大千世界 說誠實言 汝等衆生 當信是稱讚不可思議功德 一切諸佛所護念經

[옮긴 글]

사리뿌뜨라여, 북녘세계에는 빛의 바탕이라는 붇다[焰肩佛], 거침 없는 소리라는 붇다[寂勝音佛], 맞설 수 없음이라는 붇다[難沮佛], 해로 태어남이라는 붇다[日生佛], 빛나는 그물이라는 붇다[網明佛]같이 강가 강의 모래처럼 많은 여러 붇다가 각기 자기 나라에서 넓고 긴 혀의 모습으로 3,000 큰 천세계를 두루 덮고, 실다운 말씀으로 '너희 중생들은 헤아릴 수 없는 공덕이라고 칭찬받는「모든 붇다가 보살피는 경」을 반드시 믿어야 한다'고 말씀하신다.

[한문]

舍利弗 下方世界 有師子佛 名聞佛 名光佛 達摩佛 法幢佛 持法佛 如是等恒河沙數諸佛 各於其國 出廣長舌相 遍覆三千大千世界 說誠實言 汝等衆生 當信是 稱讚不可思議功德 一切諸佛所護念經

[옮긴 글]

사리뿌뜨라여, 아랫녘세계에는 사자라는 붇다[師子佛], 좋은 평판이라는 붇다[名聞佛], 이름난 빛이라는 붇다[名光佛], 다르마라는 붇다[達摩佛], 법의 깃발이라는 붇다[法幢佛], 법을 갖춤이라는 붇다[持法佛]같이 강가강의 모래처럼 많은 여러 붇다가 각기 자기 나라에서 넓고 긴 혀의 모습으로 3,000 큰 천세계를 두루 덮고, 실다운 말씀으로 '너희 중생들은 헤아릴 수 없는 공덕이라고 칭찬받는 「모든 붇다가 보살피는 경(經)」을 반드시 믿어야 한다'고 말씀하신다.

[한문]

舍利弗 上方世界 有梵音佛 宿王佛 香上佛 香光佛 大焰肩佛 雜色寶華嚴身佛 娑羅樹王佛 寶華德佛 見一切義佛 如須弥山佛 如是等恒河沙數諸佛 各於其國 出廣長舌相 遍覆三千大千世界 說誠實言 汝等衆生 當信是 稱讚不可思議功德 一切諸佛 所護念經

[옮긴 글]

사리뿌뜨라여, 윗녘세계에는 브랗마의 소리라는 붇다[梵音佛], 별자리의 왕이라는 붇다[宿王佛], 향기로운 임금이라는 붇다[香上佛], 향기로운 빛이라는 붇다[香光佛], 큰 빛의 바탕이라는 붇다[大焰肩佛], 보석과 꽃으로 꾸민 몸이라는 붇다[雜色寶華嚴身佛], 살라 임금이라는 붇다[娑羅樹王佛], 보석 꽃 같은 덕이라는 붇다[寶華德佛], 모든 바른 도리를 봄이라는 붇다불[見一切義佛], 쑤메루 산 같은 역량이라는 붇다[如須弥山佛]같이 강가강의 모래처럼 많은 여러 붇다가 각기 자기 나라에서 넓고 긴 혀의 모습으로 3,000 큰 천세계를 두루 덮고, 실다운 말씀으로 '너희 중생들은 헤아릴 수 없는 공덕이라고 칭찬받는「모든 붇다가 보살피는 경」을 반드시 믿어야 한다'고 말씀하신다.

[한문]

舍利弗 於汝意云何 何故名爲 一切諸佛所護念經

舍利弗 若有善男子善女人 聞是經受持者 及聞諸佛名者 是諸善男子善女人 皆爲一切諸佛共所護念 皆得不退轉於阿耨多羅三藐三菩提

是故 舍利弗 汝等 皆當信受我語 及諸佛所說

舍利弗 若有人 已發願 今發願 當發願 欲生阿弥陁佛國者 是諸人等 皆得不退轉於阿耨多羅三藐三菩提 於彼國土 若已生 若今生 若當生

아미타불 48대원

是故 舍利弗 諸善男子善女人 若有信者 應當發願生彼國土

[옮긴 글]

사리뿌뜨라여, 어떻게 생각하는가? 왜「모든 붇다가 보살피는 경」이라고 부르겠는가?

사리뿌뜨라여, 만일 어떤 선남선녀가 이 경을 듣고 받아 마음에 새기거나, 여러 붇다의 이름을 듣는다면, 그 선남선녀들은 모든 붇다들의 보살핌을 받아 모두 다 아눋따라-싸먁-쌈보디(阿耨多羅三藐三菩提)에서 물러서지 않는 자리를 얻기 때문이다.

그러므로 사리뿌뜨라여, 너희들은 모두 내 말과 여러 붇다께서 하신 말씀을 반드시 믿고 받아들여야 한다.

사리뿌뜨라여, 만일 이미 바라는 마음을 냈거나, 지금 바라는 마음을 내거나, 앞으로 바라는 마음을 내서 아미따 붇다의 나라에 태어나고자 하면, 이 사람들은 모두 아눋따라-싸먁-쌈보디에서 물러서지 않는 자리를 얻어 그 나라에 이미 태어났거나, 지금 태어나거나, 앞으로 태어날 것이다.

그러므로 사리뿌뜨라여, 모든 선남선녀가 만일 믿음이 있다면, 반드시 그 나라에 태어나길 바라는 마음을 내야 한다.

[한문]

舍利弗 如我今者 稱讚諸佛不可思議功德 彼諸佛等 亦稱

說我不可思議功德 而作是言 釋迦牟尼佛 能爲甚難希有之事
能於娑婆國土 五濁惡世 劫濁 見濁 煩惱濁 衆生濁 命濁中 得
阿耨多羅三藐三菩提 爲諸衆生 說是一切世間 難信之法

舍利弗 當知 我於五濁惡世 行此難事 得阿耨多羅三藐三
菩提 爲一切世間 說此難信之法 是爲甚難

[옮긴 글]

사리뿌뜨라여, 내가 이제 여러 붇다들의 헤아릴 수 없는 공덕을 칭
찬한 것처럼, 저 여러 붇다들도 나의 헤아릴 수 없는 공덕을 칭찬하기
를, '사꺄무니 붇다(釋迦牟尼佛)는 매우 어렵고 드문 일을 해내셨다.

세상이 끝판이 되고[劫濁], 삿된 생각으로 가득 차고[見濁], 번뇌 때
문에 어지럽고[煩惱濁], 죄와 불의(不義)에 물들고[衆生濁], 목숨은 줄
어드는[命濁] 5가지 죄악으로 더럽게 물든 싸하세계(娑婆國土) 속에
서 아눋따라-싸먁-쌈보디를 얻고, 모든 중생들을 위해 세상에서 믿
기 어려운 가르침을 주셨다'고 하신다.

사리뿌뜨라여, 내가 5가지 더러움으로 물든 죄악의 세상[오탁악세
五濁惡世]에서 이처럼 어려운 일을 하여 아눋따라-싸먁-쌈보디를 얻
고, 모든 세상을 위해 이처럼 믿기 어려운 가르침을 주는 것은 아주
어려운 일이라는 것을 마땅히 알아야 한다."

[한문]

佛說此經已 舍利弗 及諸比丘 一切世間天人阿修羅等 聞
佛所說 歡喜信受 作禮而去

[옮긴 글]

붇다께서 이 경을 다 말씀하시자, 사리뿌뜨라와 여러 빅슈(比丘)들,
온갖 천신과 사람들, 그리고 아수라들이 붇다의 말씀을 듣고 크게 기
뻐하며 믿고 받아들인 뒤 절하고 물러갔다.

〈불설 아미타경(佛說阿彌陀經)〉 壬寅歲 高麗國
大藏都監 奉勅 雕造
서길수 박사 번역

정법개술(淨法槪述)

극락정토에 태어나는 법을 개략적으로 서술함.

서 언(序言)

정토(淨土)법문은 광대 미묘하면서도 손쉽고 간편한 수행법이다.

그러므로 깊은 지위의 보살이라도 그 높고 깊음을 헤아리지 못하고, 극악한 죄인이라도 또한 해탈을 얻을 수 있으며, 많은 글을 읽은 문인이라도 이 여섯 자 "나무아미타불" 밖을 벗어나지 아니하고, 낫 놓고 기역자도 모르는 늙은이도 또한 구품(九品)에 들 수 있는 것이다.

그러므로 부처님께서는 이것을 잃고서 중생을 제도할 방법이 없고 수행인도 이것을 버리고는 번뇌무명에서 벗어날 길이 없다. 이는 마치 아가타약[불사약不死藥]과 같아서 이를 얻으면 온갖 병을 고칠 수 있고, 전륜왕의 보배와 같아서 이를 타면 먼 곳까지 이를 수 있다.

다만 너무 간단하고 쉬운 까닭에 사람들에게 경시(輕視)를 당한다. 더욱이 지식인이나 과학자는 본인이 부처님의 다섯 가지 눈[오안五眼]이나 네 가지 지혜[사지四智]가 없으면서 현실에서 이를 말해 주거나 증명해 줄 것을 요구한다.

예컨대, 구더기가 거름더미 속에 살면서 사람들이 이 세상에는 수없이 많은 나라가 있다고 하는 말을 들으면 굳이 믿지 않으려 하는 것과 같다. 참으로 연민스러운 일이다.

자기 자신이 이왕 신통과 지혜가 없으면서 신통과 지혜를 갖추신 부처님의 말씀도 받아들이지 않고, 스스로 아만을 떨면서 도리어 자기소견으로 지혜를 삼고 있으니, 어찌 슬픈 일이 아니겠는가?

염불을 믿지 않는 자는 또한 극락세계가 있는 줄도 모르고 믿지도 않는다. 이 허공 가운데 이미 우리들이 살아가는 세계가 있다면 또한 다른 세계가 있으리라는 것을 왜 인정하지 않는가? 이미 사바세계와 같은 더러운 국토가 있다면 이보다 더 정결한 세계가 있으리라는 것을 왜 인정하지 않는가?

이미 고통스러운 곳이 있다면 안락한 곳도 있으리라는 것을 왜 인정하지 않는가? 추하고 더러우며 오래 살지 못하는 몸이 있다면 존귀하고 장엄하며 장수하는 몸도 있을 줄을 왜 인정하지 않는가? 이 세상에서 살아가고 있다면 능히 다른 세계에서도 살아갈 수 있다는 것을 왜 인정치 않는가?

우리들의 지혜나 재능이 지렁이나 달팽이에 비해 한없이 높고 많은 것을 인정하며, 제갈량의 지혜나 재능이 아두[阿斗: 삼국시대의 촉蜀 나라 후주인 류선劉禪의 아명]에 비해 월등히 높고 많음을 인정한다면, 부처님이나 보살이나 나한(羅漢)의 지혜와 재능이 우리들에 비해 더없이 높고 많으리라는 것을 왜 인정하지 않는가?

이 세상에서 화생(化生)하는 생물이 있는 것을 보았다면 저 세상에도 화생하는 사람이 있으리라는 것을 왜 인정치 않는가? 이 세상에 눈꽃이 하늘에서 내리는 것을 보았다면, 저 국토에는 만다라화(曼陀羅華)가 하늘에서 내려오리라는 것을 왜 인정하지 않는가?

이 국토에 목질(木質)의 나무가 있는 것을 보았다면, 저 국토에는 금질(金質)이나 은질(銀質)의 나무가 있으리라는 것을 왜 인정치 않는가? 이 국토에서 바람이 수목 사이에 불어서 솔바람 소리나 대바람 소리가 나는 것을 보았다면, 저 국토에는 바람이 수림(樹林) 사이에서 불어와 음악 소리를 내리라는 것을 왜 인정치 않는가?

이 국토에서 어느 곳을 가든 더러운 냄새를 맡을 수 있다면, 저 국토에는 어느 곳을 가든 향기로운 냄새를 맡을 수 있으리라는 것을 왜 인정치 않는가? 이 국토의 물이 탁하고 껄끄러운 것을 보았다면, 저 국토의 물은 맑고 감미로우리라는 것을 왜 인정치 않는가?

이상과 같이 생각해 본 것은, 이 세상에 있는 여러 가지 일들이 저 세상에는 낱낱이 없을 수도 있을 것임을 말한 것이다.

예컨대 지독히 가난한 사람이 누추한 집에서 찌그러진 사립문이나 헌 누더기만 보고 살면서, 부유한 사람에게는 높은 누각과 큰 집과 금옥으로 장식한 갖가지 장신구와 비단으로 수놓은 갖가지 아름다운 옷들이 있다는 것을 굳이 믿지 않으려는 것과 같다할 것이니, 어찌 억지나 편견을 면할 수 있겠는가?

또 어떤 사람은 매사에 반드시 두 눈으로 직접 본 것만 믿고, 두 눈으로 보지 않은 것은 믿지 않거나 부정한다. 이런 자에게는 이러한 질문을 하고 싶다.

"그대는 그대의 58대조 할아버지가 있다는 것을 믿는가?"

"그렇습니다."

"그 할아버지는 그대가 직접 본 적이 없을 것인데, 무슨 근거로 있었으리라는 것을 인정 하는가?"

"이치로 따져보아서 그런 줄 압니다."

"그렇다면 그대는 어찌하여 극락세계가 있다는 것을 이치로 따져 생각해 보지 않는가? 따져본 후에도 만약 있음을 믿지 않는다면, 이것은 지식이 천박한 것이다. 마치 우물속의 개구리가 바다를 믿지 않는 것과 같다할 것이니, 믿지 않는 것이 그대의 불신 때문이라면 바다는 언제나 바다로써 존재할 뿐이다."

또한 이런 사람에게 이런 질문을 하고 싶다.

"그대는 남아메리카에 아르헨티나라는 나라가 있음을 믿는가?"

"믿고 있습니다."

"그 나라는 그대가 직접 가 본 적이 없을 것인데, 어떻게 그런 나라가 있다는 것을 확신하는가?"

"나는 비록 가보지 못했으나 다른 사람이 가보고 돌아와서 이런 나라가 있다는 것을 말했으며, 혹은 책에서 그 나라에 대해 소개한 것을 본 적이 있으므로 그런 줄 알고 있습니다."

"그렇다면 석가나 문수·보현·대세지·미륵·관음·아난·위제희와 부처님의 큰 제자들이 모두 일찍이 가서 눈으로 직접 극락(極樂)국토를 보고 그대에게 설한 적도 있고, 또는 경서(經書)를 통하여 그대에게 설한 적도 있었다. 그런데도 믿지 않는 것은 무엇 때문인가?"

"남아메리카는 배를 타거나 비행기를 타고 가서 실제로 있다는 것을 증명할 수 있습니다. 그러나 극락국토는 증명할 도리가 없지 않습니까?"

"그대가 배를 타거나 비행기를 타고 직접 그 곳에 가서 확인하는 것은 장래의 일인데, 그대는 지금 가보기도 전에 도리어 있다고 믿지 않는가? 극락국토에 왕생하는 것도 장래의 일이다. 그런데도 아직 가보기도 전에 우선 이를 믿지 않으려는 것은 무슨 까닭인가?"

"아르헨티나를 가보고 싶으면 단지 며칠 정도가 소요되는 노정(路程)일 뿐입니다. 그러나 극락국토는 가보고는 싶으나, 실제 가 볼 방법이 없지 않습니까?"

"그대는 만약 오늘 새벽에 목숨이 다하면 그 즉시 극락국에 있을 것이다. 아르헨티나에 가는 것보다 훨씬 가깝지 않은가?"

아미타불 48대원

이렇게 일일이 이치를 들어 증명할 수 있다. 결론적으로 말하면 이러한 미혹은, 중생이 이미 신통이 없고 또한 신통이 있는 사람의 말을 믿지 않는 탓이다.

예컨대 자기는 아르헨티나에 가 본적이 없으면서 일찍이 직접 가서 보고 온 사람의 말을 믿지 않는 격이다. 옹고집같이 제 소견속에 들어앉아 굳이 이러한 국토가 있다는 것을 믿지 않으려 하니, 이야말로 소위, '자신은 사리에 분명치 않으면서 오히려 다른 사람을 욕한다.'하는 격이 아니겠는가?

세상의 어떤 종교를 막론하고 하나의 궁극적인 목표가 있다. 천국이니 천당이니 하는 것이 이것이요, 이를 믿는 자들도 많다. 저들이 천국이니 천당이니 하는 것을 사람들에게 소개하고 보여 주는 것과 같이, 불교도 역시 여러 부처님의 국토를 들어서 사람들에게 소개하고 보여주고 있다.

요즘 어떤 사람들은 자신의 지혜가 옛사람들에게 미치지 못하면서 아만과 보잘 것 없는 총명으로 도리어 옛사람을 비방하며 염불도 하지 않고 극락국도 인정치 않으려 한다.

그들의 생각에는, '나같이 깊은 학식을 갖춘 자가 만약 불법을 닦는다면 적어도 선(禪)이나 유식(唯識)을 공부하는 정도는 되어야 겨우 분에 맞다. 이런 정토 따위의 보잘것없는 법은 그저 늙은이들이나 아낙네들한테나 설해야 맞다.'한다. 이들의 이런 견해는 실로 가당치도 않은 말이다.

대세지보살(大勢至菩薩)은 등각(等覺)보살이었으니, 《무량수경(無量壽經)》에서 "그는 가장 거룩하고 훌륭하여 그의 위신력의 광명은 널리 삼천세계를 비춘다." 하고, 《관음경》에서는 "그가 걸어갈 때는 시방세계(十方世界)가 모두 진동하며 앉아 있을 때는 칠보의 국토가 한꺼번에 요동하여 아래로 금강불찰(金剛佛刹)로부터 위로는 광명왕불찰(光明王佛刹)에 이르기까지 그 중간에 한량없는 분신의 무량수불과 관음과 세지가 모두 운집하였다." 하였으니, 그의 위신력과 복덕을 추측할 수 있을 것이다. 이런 분이 능엄(楞嚴)회상에서 스스로 말씀하시기를, "염불로 말미암아 극락국에 태어났다." 하였던 것이다.

또한 보현보살(普賢菩薩)도 등각보살이었으니, 백옥과 같은 몸에 여섯 이빨을 가진 코끼리를 타고 있었다. 《화엄경》에 그가 선재동자를 위하여 십대원왕(十大願王)을 설하여 널리 선재와 화장해(華藏海) 대중으로 하여금 서방 극락세계에 회향 왕생하여 거룩한 부처님의 과덕(果德)을 기약하게 하였던 것이다.

용수보살(龍樹菩薩)은 능히 용궁(龍宮)에 들어가서 《화엄경》을 가져왔으며, 철탑을 열고 비밀장(秘密藏)을 전하였던 분이다. 그리고

《대지도론》·《회정론》·《육십여리론》·《중론》·《십이문론》·《칠십 공론》·《십주비바사론》·《대승이십론》·《자량론》등을 지었으니, 그의 학문에 대한 조예는 상상하고도 남음이 있을 것이다.

《입능가경(入楞伽經)》에서 세존이 미리 수기하시기를, "대혜여, 너는 잘 알아야 한다. 부처님께서 열반에 드신 후 미래 세상에 반드시 나의 법을 부지할 자는 남천축국의 대명덕 비구이니, 그의 이름은 용수이다. 유·무(有·無)의 종지를 깨뜨리고 세상에 나의 위없는 대승법을 밝히고 환희지(歡喜地)를 얻어 안락국에 왕생할 것이다." 하였다.

또한 세친보살(世親菩薩)은 5백 부의 소승론과 5백 부의 대승론을 지었으므로, 그를 천부논사(千部論師)라고 부르기도 한다. 이로써 그의 학식의 깊이를 알 수 있을 것이다.

그가 지은 《왕생정토론(往生淨土論)》 첫머리에서, "세존이시여, 저는 일심으로 온 시방의 한없는 여래에게 귀명하옵고 안락국에 태어나기를 원하옵나이다." 하였던 것이다.

이와 같은 대보살들도 오히려 모두 극락세계에 태어나기를 발원했거늘, 우리들은 생각해보면 저들의 몸에 난 털 한 올 만치에도 미치지 못하면서 오히려 교만을 떨며 정토법을 우습게 여길 뿐만 아니라, 극락세계에 태어나기를 원하지도 않으니 어찌 해괴한 일이 아니겠는가?

내가 일찍이 어떤 불교를 배우는 사람을 본 적이 있는데, 그는 그저 아침부터 저녁까지 경론을 연구하며 온 생애를 다 바쳐 하나의 해박한 지식만을 구할 따름이었다. 또 어떤 사람은 그저 이론을 좋아하여 입을 열면 마명(馬鳴)이나 용수·무착(無着)·세친을 말하며 공(空)을 말하고 유(有)를 설하며 상(相)과 성(性)을 연구할 뿐이었다.

어쩌다 이런 사람이 절에 가서 어떤 사람이 머리를 땅에 조아리고 절을 하거나 불상 앞에 한 오리 향을 사루며 '나무아미타불' 하고 염(念)하는 소리만 들어도 차마 듣지 못할 말을 들은 듯이 하며, 다른 불사(佛事)는 아예 입에 담지도 않으려 했다.

저들은 실로 마음은 홀로 일어나는 것이 아니라 경계를 의지해야만 비로소 생기는 것이며, 더럽거나 깨끗한 여러 가지 경계가 모두 하나로 돌아가는 것임을 알지 못하였다. 당초에 이왕 더러운 경계를 따라 더러운 마음이 생겨 삼계를 유전(流轉)한다면, 이후에는 깨끗한 경계를 따라 깨끗한 마음이 생겨 삼계(三界)를 초월하는 것임도 인정해야 된다.

그러므로 거룩한 삼보에 의지하여 정성과 존경의 생각을 낼 때 그 훈습(薰習)의 힘으로 인하여 능히 제8식[第八識: 아뢰야식]의 더러운 종자가 정체하여 행하지 못하게 하는 한편, 또 한편으로는 능히 재빨리 깨끗한 종자가 익어서 무명(無明)의 껍질을 깨뜨리고 부처님의 정토에 태어나게 하는 것이다.

그러므로 손을 들거나 머리를 숙이며 향을 사루거나 염불을 하는 등 육근[六根: 눈 귀 코 혀 몸 의식 등 여섯 가지 감각기관의 총칭]으로 짓는 모든 청정한 모습들이 얼른 보기에는 모두 밖에 있는 것 같으나, 사실은 모두 안에 있는 것이다.

지금 만약 이러한 이치를 알지 못하고 오로지 이[理: 절대평등의 본체]만을 탐하고 사[事: 만유차별의 현상계]를 버린다면, 마치 배가 고파 금방 쓰러질 듯한 사람이 목숨이 다할 때까지 그저 각종 음식의 조리법만을 연구하고 앉았거나 식당의 메뉴판만 들고 줄줄 내리 읽으면서 앞에 차려놓은 음식은 먹으려 들지 않는 것과 같을 것이니, 이런 일들을 경전에서는 "음식을 말로만 해서는 배가 부르지 않다."라고 하신 것이다.

이런 사람들은 저들이 비록 경·율·론 삼장(三藏)의 전문을 능히 기억하고 있다 하더라도, 나는 저들을 한 글자도 이해하지 못하는 장경각 속의 좀벌레에 불과하다고 생각하고 있으며, 이런 자를 볼 때마다 안타까운 탄식만 보낼 뿐이다.

반면에 불상 앞에 나아가 통곡하며 눈물을 흘리거나 오체투지하며 참회하는 자나, 시끄러운 시장바닥에서도 아무 상관하지 않고 온 정성을 기울여 염불하는 사람을 볼 때마다 나는 진정 찬탄하고 공경해 마지않으며, "아! 이 분들이야말로 나의 스승이다." 하고 생각하며 이를 본받으려 애쓴다.

　아울러 이들은 정념(正念)은 점점 익어가고 혹업(惑業)은 점점 녹아져서 얼마 후에는 반드시 번뇌가 다하여 무위(無爲)의 큰 깨달음에 들 것임을 나는 분명히 확신하고 있다. 저들이 목전(目前)에는 비록 우리와 같이 한 곳에서 살고 있으나 순식간에 극락국의 아라한이 되어, 저 타화자재천(他化自在天)과 비교하면 마치 임금과 구걸하는 거지와 같을 것이니, 더욱이 어찌 우리들과 비교할 수 있겠는가?

　가장 좋은 방법은 우리들도 부지런히 염불하여 장래에 저들과 함께 극락세계에 태어나는 것이니, 어찌 상쾌한 일이 아니겠는가? 간절히 바라건대, 음식을 말로만 해서는 배가 부르지 않으니, 한갓 장경각 속의 나무좀 같은 것에 뜻을 두는 무리들을 본받지 말라.
　결론적으로 말하면, 신[信: 믿음]·해[解: 이해]·행[行: 실천]·증[證: 깨달음]이 수행의 네 가지 단계인데, 해(解)를 구하는 것은 행(行)하기 위해서이다. 만약 행을 원치 않는다면 굳이 해를 구할 필요가 없을 것이니, 마치 여행을 원치 않는다면 굳이 날마다 지도를 보면서 노정을 찾을 필요가 없는 것과 같다. 더욱이 머리털이 희끗희끗해진 지금 아직까지 해만 구하고 있으니, 행과 증은 내생에나 실천해 보려는 심사인가?

　"그대들에게 권하노니, 하루빨리 수행의 길을 찾으라. 한 번 사람

126　　　　　　　　　　　　　　　　　　　　　아미타불 48대원

몸 잃으면 만겁(萬劫)이 지나도 어려운 일이다." 한 것이나, "늙어서 비로소 도를 배우겠다고 기대하지 말라. 보라! 외로운 무덤에 저 많은 소년들을!"이라고 한 글을 읽어보라. 어찌 정신 차리지 않을 수 있겠는가?

선종(禪宗)은 깨달음의 문제이니, 말로 설명할 수는 없다. 그러나 만약 깨닫지 못한다면 모든 것이 부질없는 짓이 되고 말 것이며, 정토종(淨土宗)은 다만 행의 문제이니, 또한 말로써 설명할 수 없다. 그러나 만약 행하지 않으면 역시 모든 것이 부질없는 짓이 될 뿐이다.

참으로 진실하게 '나무아미타불' 이 한 구절을 밥 먹듯이, 옷 입듯이 매일 부를 수만 있으면 계(戒)·정(定)·혜(慧)가 구족하고 경(經)·율(律)·론(論)이 완벽하게 갖추어질 것임을 보장할 수 있다. 또한 교를 배우든 배우지 않던 이런 것은 아무 문제가 되지 않고, 목숨이 다한 후에 극락에 태어날 것임을 보증할 수 있다.

이와 같은 막중한 책임을 내가 감히 질 수 있는 자격이 된다는 뜻은 아니다. 아미타불은 중생을 극락으로 인도하려는 48대원(大願)을 세우셨으므로 '접인도사(接人導師)'라고 부르니, 이 분이 제일 첫째 보증인이며, 제일 첫째 책임자이시다. 또한 석가모니불도《정토삼부경(淨土三部經)》을 설하시어 널리 정토를 권하셨으니, 이 분이 두 번째 보증인이며 두 번째 책임자이시다.

더욱이 시방의 갠지스 강 모래수와 같은 모든 부처님도 모두 정토 법문을 찬탄하시고《아미타경》을 호념(護念)하셨으니 그 분들이 모두 보증인이며 책임자인 것이다.

이와 같이 무수한 부처님이 보증인이 되고 책임자가 되셨으니, 이러고도 만약 거듭 믿지 않는다면 더 이상 어떻게 할 수 있겠는가? 땅을 치고 통곡할 뿐 더 이상 어떻게 할 도리가 있겠는가!

一. 정토(淨土)의 뜻

1. 정토란 무엇인가

정토란 '정결한 국토'란 뜻으로, 한 세계의 이면에 아래에서 서술하는 것과 같은 갖가지 조건을 갖추고 있어야만 비로소 정토라 말할 수 있다.

첫째, 사람 방면의 정보(正報)에서 말하면,

가. 건강하여 병이 없어야 한다.

나. 수명이 길어야 한다.

다. 몸이 단정하고 장엄해야 한다.

라. 빈부나 귀천이 없어야 한다.

마. 심성이 유화하고 도덕이 고상해야 한다.

바. 도심(道心)이 물러가지 않아야 한다.

사. 사람이 모두 화생(化生)하여 남녀가 생육(生育)하는 더러움이 없어야 한다.

아. 장성하고 늙고 쇠하는 변화가 없어야 한다.

자. 눈물·콧물·가래·땀·오줌·똥 따위가 없어야 한다.

차. 마음이 넓고 총명해야 한다.

카. 영원히 육도(六道)를 면해야 한다.

타. 육신통(六神通)을 갖추어야 한다.

파. 혜안(慧眼)의 올바른 견해를 갖추어야 한다.

무릇 이와 같은 갖가지 조건을 갖추어야만 중생세간(衆生世間)의 청정장엄(淸淨莊嚴)이라고 할 수 있다.

둘째, 국토 방면의 의보(依報)에서 말하면,

가. 땅이 평탄하고, 보배로 된 땅이 빛나고 깨끗하여 계곡이나 산악·도랑·강·바다 따위의 구덩이가 없어야 한다.

나. 바람과 눈·우레·안개와 한발·장마나 지진과 해일·기근 등 천재(天災)가 없어야 한다.

다. 어느 곳이나 광명이 있어서 해와 달·등불·촛불 따위가 필요치 않아야 된다.

라. 어느 물건이나 늘 새것이어서 깨지거나 썩거나 문드러지거나 녹슬거나 낡거나 더러워지지 않아야 한다.

마. 꽃과 나무, 누대(樓臺)와 풍경이 장엄하고 화려하여 사람의 힘으로 건축할 필요가 없어야 한다.

바. 날씨가 언제나 춥지도 덥지도 않아야 한다.

사. 음악이 미묘하여 사람이 연주할 필요가 없으며, 듣고 싶으면 곧 들려오고 그만두고 싶으면 금방 고요해져야 한다.

아. 사람 밖에 짐승이나 벌레, 물고기 등 각종 동물이 없어야 한다.

자. 샘물이 맑고 감미로우며 깊거나 얕거나 차거나 따뜻하기가 모두 사람의 뜻대로 되어야 한다.

차. 감관과 경계가 서로 닿기만 하여도 상쾌하고 즐거워서 도념(道

念)을 잃지 않게 되어야 한다.

카. 칠보(七寶)가 가득하고 공양구가 충족하되 사람의 힘이 필요치 않고 자연히 이루어진 것이어야 한다.

타. 일체 번뇌가 없어야 한다.

파. 비록 인구가 날로 증가하더라도 국토가 좁거나 물자가 모자라는 법이 없어야 한다.

하. 국토가 태평하여 사마외도(邪魔外道)의 협박을 받지 않아야 한다.

이와 같은 조건을 갖추어야만 기세간(器世間)의 청정장엄(淸淨莊嚴)이라 말할 수 있다. 만약 세계 중에서 이러한 중생세간과 기세간의 두 가지 청정장엄을 갖추었으면 곧 정토라 말할 수 있다.

2. 시방정토(十方淨土)

시방에는 국토도 무량무수하고 고락의 양태도 천차만별이다. 다만 그것이 이루어지게 된 원인은 결코 우연한 것이 아니어서, 혹은 어떤 신이 만든 것이라고 말하고 있으나, 개괄적으로 말하면 두 가지 종류로 나눌 수 있다.

첫째, 그 국토에 태어나는 일체 중생의 공통된 업[공업共業]의 힘으로 이루어져서, 복보(福報)의 즐거움과 재앙의 고통을 받는다.

둘째, 제불보살의 섭수교화(攝受敎化)로 이루어진 것으로, 중생을 제도하기 위한 도량(道場)으로 만들어진 것이다.

앞의 것은, 중생이 악은 많고 선업은 적으므로, 그들이 살아가는 국토도 즐거움은 적고 고통은 많다. 그러므로 예토[穢土: 더러운 땅]라고 하고 정토라고는 말하지 않는다.

뒤의 것은, 불보살의 복덕과 지혜의 힘과 자·비·희·사 사무량심(四無量心)의 가호에다가 다시 모든 중생을 그곳에 태어나게 하려는 원력(願力)의 공덕을 더하여, 이와 같이 주(主)와 반(伴)이 존엄하여 면면히 다함이 없으므로, 그 국토는 티끌만큼도 고통의 원인과 죄악의 과보가 안에 섞여 있지 않고 순전히 즐거움뿐이고 고통이 없으며, 진실하고 극진한 청정도량(淸淨道場)으로 이루어져 있다. 이와 같은 세계이면 능히 정토라고 할 수 있는 것이다.

시방세계 중에는 예토도 한량없고 정토도 한량없다. 모든 예토 중에 우리들의 사바세계는 단지 그 중에 하나일 뿐이므로, 사바세계만이 예토인 줄 알고 그 밖에 한량없는 예토가 있는 줄 모르면 이것은 큰 잘못이다.

또한 모든 정토 중에 아미타불의 극락세계도 단지 그 가운데 하나일 뿐이므로, 극락만이 정토인 줄 알고 그 밖에 한량없는 정토가 있는 줄 알지 못하면 이도 역시 큰 잘못이다.

세존께서 비록《정토삼부경》에서 널리 극락정토를 설하셨으나, 저

《약사유리광여래본원공덕경(藥師瑠璃光如來本願功德經)》에서는 약사여래의 정유리정토(淨瑠璃淨土)를 설하셨고,《大寶積經》에서는 부동여래(不動如來: 아촉불阿閦佛)의 묘희정토(妙喜淨土)를 설하셨으며,《미륵상생경(彌勒上生經)》에서는 미륵보살의 도솔타정토(兜率陀淨土)를 설하셨다.

이와 같은 것은 대략 몇 가지 예를 든 것이나, 사실은 시방세계에 갠지스 강 모래 수만큼 헤아릴 수 없이 많은 부처님이 계시고, 갠지스 강 모래 수만큼의 헤아릴 수 없이 많은 정토가 있으며, 불가설(不可說) 불가설의 부처님이 계시고, 불가설 불가설의 정토가 있다.

이러한 각각 정토 중의 중생이 그 국토에 태어나는 자는 모두 그러한 인연이 있으며, 이 인연은 그러한 수행방법을 써서 그 국토에 왕생케 되니, 이것을 '정토를 닦는 수행법'이라 부른다.

시방정토에서 이렇게 모두 그럴만한 수행법을 써서 뜻대로 왕생하게 하였는데, 세존께서는 서방 아미타불의 극락세계에 대해서만 유독 자세히 소개하고 찬탄하신 것은 그 까닭이 무엇인가?

사바세계의 중생들은 탐독심(貪毒心)은 많고 신향심(信向心)은 적어 마음이 산란하고 뜻이 견고하지 못하여, 많은 국토를 설하면 도리어 하나도 성취하지 못할 것이므로, 우선 이 한 국토만을 설하여 의지가 집중하고 기억하기 쉬워야만 곧 효과를 낼 수 있기 때문이었다. 이러한 뜻을 반드시 알아야 한다.

3. 정토의 종류

정토와 예토가 비록 바깥 경계인 것 같으나 사실은 일심이 변현(變現)한 것이며, 제불의 정식묘용(淨識妙用)으로 정토를 변현한 것이니, 작용이 다른 까닭에 정토의 이름과 뜻도 따라서 다를 수밖에 없다.

《서방합론(西方合論)》에 따르면 열 가지 정토를 말하고 있다.

가. 비로자나 정토(毘盧遮那淨土): 비로자나는 모든 부처님의 법신(法身)으로, '일체 처에 두루하다.' 라고 번역한다.

나. 유심정토(唯心淨土): 국토는 마음을 따라 나타난 것이므로, 마음이 더러우면 국토도 더럽고 마음이 깨끗하면 국토도 청정하다. 《유마힐경(維摩詰經)》에, "직심(直心)이 보살정토니... 만약 보살이 정토를 얻고자 하면 반드시 그 마음을 깨끗이 하라. 그 마음이 깨끗함에 따라 불토도 깨끗해지리라." 하였다. 이것이 유심정토의 뜻이다.

다. 항진정토(恒眞淨土): 영산회상(靈山會相)에서 가리키신 정토로서, 부처님이 삼승(三乘)의 권교(權敎) 보살을 이끌어 이 국토의 더러운 그대로가 곧 정토임을 알게 한 것이다.

라. 변현정토(變現淨土): 여래의 가피(加被)와 위신력(威神力)으로 변현한 국토이다.《대반야경(大般若經)》중에서 석가가 신통력으로 이 대천세계로 하여금 땅이 평평하기가 손바닥 안의 유리와 같이 하였으며, 갖가지 보배로 장엄하고 연꽃이 땅에 가득하게 하였다. 이것은 비록 여래께서 잠시 변현한 것이지만, 또한 예토의 본래 모습이 곧 정토임을 보인 것이다.

마. 기보정토(寄報淨土):《기신론(起信論)》에서 말하기를, "보살의 공덕이 완전하고 만족하면 색구경천(色究竟天)에서 모든 것 중에서 가장 큰 몸을 시현한다."고 했으니, 이것은 보처보살(補處菩薩: 부처님이 입멸入滅하신 뒤에 그 자리를 보충할 보살)이 장차 성불하기 전에 거기서 잠시 머무는 곳이므로 기보정토라 부른다.

바. 분신정토(分身淨土):《열반경(涅槃經)》에서 부처님이 앙굴에게 말씀하시기를, "나는 무생(無生)에 주(住)하고 있으나, 너는 알지 못한다. 동방에 부처님이 계시니 가서 물어보라." 하니, 저 부처님이 말씀하시기를, "석가가 곧 나의 몸이다." 하였다. 그러므로 부처님의 법신은 무생에 주하고 있으면서 동방에 분신불이 되었음을 알 수 있다.

사. 의타정토(依他淨土):《범망경(梵網經)》에, "나 노사나(盧舍那)가 바야흐로 연화대에 앉으려고 할 때 천 송이 꽃을 빙 둘러 천 석가(釋迦)가 나타났으니, 하나의 꽃에 백억의 국토요 하나의 국토에 하나의 석가였다."라고 하였다. 이곳은 타수용보신(他受用報

身: 다른 이로 하여금 그 법락法樂을 수용케 하기 위하여 나타낸 부처님의 몸)의 국토로서, 오직 등지(等地: 보살의 수행계위 중 초지 이상을 말함)보살만이 이를 능히 볼 수 있다.

아. 제방정토(諸方淨土): 예컨대 동방에는 아촉(阿閦)·약사(藥師)· 수미등왕(須彌燈王) 등의 부처님이 계시고, 남방에는 명등(明燈) 이며, 상방에는 향적(香積)이 계신다. 이와 같은 부처님들께서 제각기 정토가 있으니, 모두 넓고 장엄하며 먼지와 때가 끊어진 곳이다.

자. 일심사종정토(一心四種淨土): 국토는 마음을 의지하여 나타나는 것이므로 제각기 같지 않다. 공력(功力)을 증득함에 따라 4종으로 나눈다.

1) 범성동거정토(凡聖同居淨土): 이승(二乘)과 인천(人天)이 함께 살고 있는 국토이다. 여기에 예토와 정토 두 가지가 있으니, 사바세계는 동거예토요, 극락은 동거정토다.

2) 방편유여정토(方便有餘淨土): 견[見: 우주의 진리를 바로 알지 못하는 미혹], 사[思: 낱낱 사물에 대한 진상을 알지 못하는 미혹]의 번뇌를 끊고 삼계에서 벗어난 소승인이 태어나는 곳이다. 방편도를 닦으므로 해서 견, 사의 번뇌를 끊었으므로 '방편'이라 하고, 진사[塵沙: 보살이 자유자재로 교화하는데 장애가 되는 미혹]와 무명[無明: 무명과 비공비유非空非有를 알지 못하여 중도中道에 대하여 미혹한 번뇌]의 두 가지 번뇌는 아직 끊지 못했으므로 '유여(有餘)'라고 말한다.

아미타불 48대원

3) 실보무장애토(實報無障碍土): 순전히 보살들만 살고 있는 국토이다. 진실한 법을 닦으므로 해서 수승한 과보를 얻어서 색(色)과 심(心)이 서로 장애되지 않으므로 '무장애(無障碍)'라고 부른다.

4) 상적광토(常寂光土): 부처님이 계시는 국토로서 곧 대열반(大涅槃) 경계이다. 성체(性體)가 항상 고요하여 영원히 지혜광명의 경계에 주하므로 '상적광(常寂光)'이라 하는 것이다.

차. 섭수시방유정불가사의정토(攝受十方有情不可思議淨土: 시방 유정을 섭수하는 불가사의정토): 아미타불의 극락정토(極樂淨土)를 말한다. 그러나 사실은 시방의 모든 불토(佛土)를 모두 이렇게 부를 수도 있다. 모두 시방의 유정을 섭수하며, 그 작용도 모두 불가사의하기 때문이다.

이상의 열 가지 국토는 다르기도 하고 같은 곳이기도 하다. 이것들이 모두 일심에서 변현한 것이므로 제방정토와 같은 곳이며, 또한 섭수유정불가사의정토이기도 하며, 이것이 곧 동거 · 방편 · 실보 · 적광 네 가지 국토이며, 이것이 또한 의타정토 등등이어서, 모두 그 뜻에 따라 이름을 세운 것일 뿐이니, 굳이 이름에 집착할 일은 아니다.

그 가운데 우리들과 가장 밀접한 관계가 있는 것은 섭수유정불가사의정토로서, 우리들이 힘을 기울여 집중해야 할 목표도 또한 이곳이다. 진실로 이 정토만 안다면 그 나머지 정토는 천천히 이해해도 늦지 않다.

二. 극락의 윤곽

[극락국은 안락국(安樂國)이라고도 하며, 또는 안양국(安養國)이라
고도 한다.]

1. 의정장엄(依正莊嚴)

《무량수경》에 의하면, 아미타불이 처음 비구였을 때 그의 이름은
법장(法藏)이었다. 법장비구는 중생들을 제도하고 불토를 장엄하려는
목표를 세우고 일찍이 세자재왕불(世自在王佛)에게 도움을 청하였다.

세자재왕불은 그를 위하여 이백십억 제불국토 내의 갖가지 모습을
널리 설해 주시고, 아울러 그 세계를 나타내어 보여주시면서 이를 기
본으로 하여 창조할 때 참고로 삼도록 하였다.

법장비구는 수많은 불토를 다 듣고 본 후에 비로소 국토를 창조할
생각을 하고 깊이 5겁 동안 사유하고 섭취한 후에 이윽고 극락세계를
이룩하였다.

시방세계의 건립은 모두 중생의 공업(共業)으로 이루어진 것이요,
유식(唯識)으로 나타난 것이어서 인연에 의하여 의탁하지 않은 것이
없다. 그러므로 비록 바깥 경계인 것 같으나 바로 일심으로 돌아가고

마는 것이다.

극락국토는 아미타불이 청정한 팔식(八識)으로 이룩한 정토로서, 만약 중생이 일심으로 염불하면 정념(正念)이 부처님의 정식(淨識)중에 투입되는 것이다.

예컨대, 한 그릇의 물을 바다에 부으면 바닷물과 서로 섞여 몇 방울의 물이 큰 물결이 되는 것과 같다. 그러므로 그 국토에 태어나는 자는 의(依)·정(正) 장엄이 겹겹으로 다함이 없다.

그러면 어떻게 5겁 동안 사유하고 섭취했을까? 우선 보배나무를 예로 든다면, 법장비구가 정신을 가다듬고 뜻을 바로 하여 아득히 한 물건도 없는 허공 속에 한 그루의 보배나무를 생각하였는데, 밑동은 금이요, 줄기는 은이요, 가지는 유리와 수정이요, 잎은 산호요, 꽃은 마노요, 열매는 자거였다. 이와 같이 생각하는 것을 '사유(思惟)'라고 한다.

사유를 마친 후에 이 일념을 잡아 놓지 않으면 이 한그루의 나무는 영원히 존재하는 것이요, 다시 생각하기를 이것이 소리를 내었으면 하면 곧 소리가 나고 꽃이 피었으면 하고 생각하면 금방 꽃이 피고 열매를 맺었으면 하고 생각하면 금방 열매를 맺으니, 이와 같은 불가사의한 힘을 '섭취(攝取)'라고 한다.

십계(十界) 중에 부처님만이 이것을 불안(佛眼)으로 관찰하시고 그것들이 모두 허환(虛幻)하여 진실한 것이 아닌 줄 아시는 것 밖에, 구계중생(九界衆生: 지옥 아귀 축생 아수라 인간 천상 성문 연각 보살)이 이것을 보면 그것이 분명한 한그루 보배나무인 줄로 알아서, 보면 모양이 있고, 들으면 소리가 있으며, 냄새를 맡으면 향기가 있고, 맛을 보면 맛이 있으며, 만져보면 촉감이 있고, 생각하기에도 분명한 하나의 물건이니, 이와 같이 한 그루의 보배나무가 만들어진 것이다.

이상은 한 예를 든 것에 불과하지만, 극락국토 중의 위로는 하늘과 아래로 땅에 이르는 모든 천태만상의 물건이 그 연원을 살펴보면 모두 이와 비슷한 경우이다.

이와 같이 법장비구가 정토를 사유하고 섭취하여 중생을 제도하기 위한 도량을 만들기에 온 정성을 기울여 5겁 동안에 이른 것이 지금의 극락세계이며, 또한 우리들이 다음에 돌아가서 쉴 곳이니, 이 하나만 보더라도 아미타불이 얼마만한 자비(慈悲)가 있는 분인가를 알 수 있다.

불교학에서는 신체를 정보(正報)라고 하고, 환경상의 모든 사물을 의보(依報)라고 하는데, 극락국의 의보나 정보의 거룩함은《정토삼부경》에서 대략 보인 바 있다. 다만 이 삼경(三經)에서 설한 것은 바다 속의 한 방울 물에 불과하니 만약 자세히 설하려 한다면 겁이 다 하도록 설하더라도 다하지 못한다.

아미타불 48대원

매사는 천 번 듣느니보다 한 번 보는 것이 더 낫다. 정토행자(淨土行者)가 만약 일심으로 염불하여 장차 왕생한 후에 몸소 그 경계를 경험하면 자연히 일목요연하게 알 수 있을 것이다. 그렇지 않으면 요즘 사람들이 과거의 역사를 읽고 당시의 인물이나 사실을 상상하는 것에 불과하니, 결국 구두 위로 가려운 곳을 긁는 것이나 다름없다.

여기서는 우선 경에서 설한 것에 의하여 극락국의 장엄을 아래와 같이 개술한다.

가. 극락국의 정보장엄(正報莊嚴)
  – 중생세간청정(衆生世間淸淨)

몸이 단엄(端嚴)하다.	이 나라의 백성은 몸이 모두 진금색(眞金色)이며 32상을 갖추었다. 용모가 서로 같아서 곱고 미움이 없고 용색(容色)이 미묘하여 모두 자연의 몸과 무극(無極)의 몸을 받았다. 서방삼성(西方三聖)의 단엄한 몸은 글로써 이루 다 설하지 못한다.《관무량수경》을 보면 알 수 있다.
수명이 무한하다.	수명이 무량무변하다. 그 본원(本願) 외에도 길고 짧기가 자재하다.
육신통을 갖추었다.	모두 천안(天眼)·천이(天耳)·타심(他心)·숙명(宿命)·신족(神足) 등의 모든 신통을 얻었다. 만약 아라한이면 누진(漏盡)을 겸하였다.
항상 정정(正定)에 주한다.	항상 정정취(正定聚)에 주한다.

악도(惡道)에 떨어지지 않는다.	이 나라에 태어나는 자는 다시는 삼악도(三惡道)에 떨어지지 않는다.
연화(蓮花)에 화생(化生)한다.	이 나라의 백성은 모두 칠보로 된 연못 속의 연화에 화생하며, 아울러 남녀의 애욕과 태(胎)로 태어나는 등의 일이 없다.
즐거움이 누진(漏盡)과 같다.	몸과 마음이 안락하여 번뇌가 다한 비구와 같다.
불선(不善)의 이름이 없다.	이 나라는 불선의 이름이 없는데, 하물며 그 실상이 있겠는가?
도심(道心)이 물러가지 않는다.	이 나라에 태어나는 자는 모두 아비발치[불퇴위不退位]로서, 무상도(無上道)에서 물러나지 아니하며 용맹 정진하여 바로 성불(成佛)에 이른다.
지혜와 변재를 갖추었다.	경법(經法)을 수지 독송하여 지혜와 변재를 갖추었다.
무생인(無生忍)을 얻는다.	무생법인(無生法忍)인 깊은 총지법(總持法)을 얻는다.
위력(威力)이 자재하다.	성문과 보살이 신통을 통달하고 위신력이 자재하여, 능히 손바닥 안에 일체세계를 담을 수 있다.
신광(身光)이 빛난다.	성문(聲聞)대중은 신광이 한 길이요, 보살은 광명이 백유순과 내지 삼천대천세계를 비춘다.
성문(聲聞)과 보살의 수가 한량없다.	이 부처님의 처음 법회에 모인 성문대중의 수는 이루 헤아릴 수 없었으며, 보살도 그러하였다. 부처님이 아난에게 말씀하시기를, "목건련과 같은 자가 백천만억 나유타 겁에 저 처음 법회의 성문과 보살의 수를 헤아리더라도 아는 수는 겨우 한 방울 물과 같고, 알지 못하는 자는 바다의 물과 같다."라고 하였다.
보처(補處)가 매우 많다.	극락국토에 중생으로 태어나는 자는 모두 아비발치이니, 그 가운데 일생보처(一生補處)인 자가 한량없어서 그 수를 능히 헤아리지 못한다.

아미타불 48대원

나. 의보장엄(依報莊嚴)

- 기세간청정(器世間淸淨)

국토가 평탄하다.	온 국토가 평탄하며 깨끗하여 한 티끌도 없다. 수미산과 금강으로 된 일체 산이 없으며, 큰 바다 · 계곡 · 도랑 · 우물 · 골짜기 등이 없다.
칠보로 땅이 되었다.	이 불국토는 유리로 땅이 되었고, 칠보(七寶)가 섞여 있어서 안과 밖이 환히 보인다. 아래는 금강칠보의 금당(金幢)이 유리의 땅을 떠받치고 있는데, 그 당은 팔방에 8모가 졌으며 낱낱 면이 팔보(八寶)로 이루어졌고, 낱낱의 보주(寶珠)에 천의 광명과 팔만사천의 빛깔이 있어서 유리의 땅에 비치는데, 이는 마치 억 천의 해와 같다. 유리로 된 땅 위에는 황금의 밧줄이 얼기설기 설치되어 있고, 칠보의 세계로 그 경계가 분명하며, 끝없이 넓어서 그 한계를 지을 수 없다. 이와 같이 미묘화려하고 청정장엄하다.
기후가 온화하다.	기후는 춥지도 덥지도 않고 늘 적당하며, 춘하추동이 없다.
그물이 공중에 걸려 있다.	한량없는 금망(金網)이 불토를 덮고 있는데 모두 금과 진주와 백천 가지 잡보(雜寶)가 기묘진기하게 장식되었다. 또한 사면을 빙 둘러 보배 방울이 달려있는데, 광채가 휘황하고 지극히 화려하다. 미풍이 불면 한량없는 법음(法音)을 연설하여 이 소리를 듣는 중생은 자연히 모두 불(佛)을 염(念)하고 법(法)을 염하고 승(僧)을 염할 생각을 내게 된다.
육시(六時)에 꽃비가 내린다.	주야 육시에 만다라화가 비 내리듯 하는데, 미풍이 불면 온 국토에 부드러운 향기가 날리며, 발로 그 위를 밟으면 네 치나 발이 푹 빠지며, 발을 들면 원상태로 된다. 이런 일이 끝나면 대지가 다시 청정해지며 이렇게 여섯 번을 반복한다.
보련(寶蓮)이 충만하다.	보배와 같은 연꽃이 온 세계에 가득한데 낱낱의 보화(寶華)에 백천 억의 꽃잎이 있어서 그 꽃의 광명이 한량없는 빛깔로 빛난다. 청색의 꽃에는 푸른 광명이 빛나고, 백색의 꽃에는 백색의 광명이 빛나고, 검고 누르고 주황 붉은색의 꽃에는 제각기 광명이 찬란하여 밝기가 해와 달보다 더하다.

화신불(化身佛)이 법을 설한다.	낱낱의 보련화(寶蓮花) 속에서 삼십육백천억의 광명이 뻗어 나오고, 그 낱낱의 광명 속에서 삼십육백천억의 부처님이 나오시는데, 몸은 자금색이요 상호도 특이하시다. 낱낱의 제불이 또한 백천 광명을 놓으시며 널리 시방을 위하여 미묘법을 연설하신다.
부처님 도량의 나무	아미타불 도량의 나무는 여러 가지 보배로 합성하여 만들어졌는데, 월광마니(月光摩尼)와 지해륜보(持海輪寶)으로 장엄하였다. 그러나 나뭇가지마다 보배영락이 드리워졌는데, 백천만 빛깔이 갖가지로 변한다. 그 위에 진기한 묘보(妙寶)의 그물이 덮고 있는데, 모든 장엄이 비치는 대로 드러난다.
보수(寶樹)가 소리를 낸다.	칠보의 모든 나무들이 온 세계에 가득한데, 한 보배만으로 된 것도 있고 혹은 두 가지 보배·세 가지 보배와 내지 일곱 가지 보배로 합성된 것도 있다. 줄을 똑바로 서서 서로 바라보며, 줄기와 가지와 잎과 꽃잎이 가지런하고 아름다운 색이 찬란하여 제대로 쳐다볼 수가 없다. 맑은 바람이 천천히 불어오면 다섯 가지 음성을 내는데 미묘한 음성이 자연히 서로 화합하여 그 소리의 아름다움은 제육 천왕(第六天王)의 만 가지 음악보다 천억 배나 더하다. 한량없는 묘법음성을 연출하니 그 소리를 듣는 자는 깊은 법인(法印)을 얻어 불퇴전에 주하며, 마침내 불도를 이루어 이근(耳根)이 매우 깨끗하여 고통을 느끼지 않는다. 또한 눈으로 그 모양을 보며 코로 그 향기를 맡으며 입으로 그 맛을 맛보며 몸에 그 광명을 접촉하며, 마음에 법을 반연하면 모두 깊은 법인을 얻어 불퇴전에 주(住)하며 마침내 불도를 이루어 제근(諸根)이 청결하여 모든 번뇌가 없다.
만물이 아름답다.	일체 만물이 깨끗하고 화려하며 모양이 기이하고 지극히 미묘하여 능히 표현할 길이 없다.
삼악도(三惡道)가 없다.	지옥·아귀·축생의 모든 악취(惡趣)가 없다.

아미타불 48대원

궁전이 장엄하다.	강당과 정사와 궁전과 누관(樓觀)과 사택이 모두 칠보로 장엄하였고, 자연히 만들어졌다. 다시 진주와 명월마니(明月摩尼) 등의 여러 가지 보배가 서로 섞여 그 위를 덮고 있다. 그리고 살고 있는 사택과 궁전과 누각(樓閣)이 그 모양과 높이와 크기에 맞게 어떤 것은 한 가지 보배로 장엄하였으며, 두 가지 보배와 내지 무량한 갖가지 보배로 장엄하였으며, 마음먹은 대로 생각만하면 금방 생긴다.
국토가 청정하다.	국토가 청정하여 시방의 모든 무량무수 불가사의 제불세계를 모두 비추어 볼 수 있다. 마치 밝은 거울에 얼굴을 비춰 보는 것과 같다.
욕지(浴池)가 향기롭고 깨끗하다.	모든 욕지에 팔공덕수(八功德水)가 찰랑찰랑 넘치고 깨끗하고 향기로워 맛이 감로와 같다. 황금의 못에는 백은(白銀)의 모래가 깔려 있고, 백은의 못에는 황금의 모래가 깔려 있으며, 수정 못에는 유리모래가, 유리 못에는 수정모래가 깔려 있고, 산호 못에는 호박모래가, 호박 못에는 산호모래가 깔려 있으며, 자거 못에는 마노가, 마노 못에는 자거모래가 깔려 있고, 백옥 못에는 자금(紫金)모래가, 자금 못에는 백옥모래가 깔려 있으며, 어떤 것에는 두세 가지 보배 내지 일곱 가지 보배가 합성된 것도 있다.
못의 물이 마음먹은 대로 된다.	이 나라의 백성이 만약 보배연못에 들어가서 마음속으로 물이 발을 적셨으면 하고 생각하면 곧 물이 발을 적시고, 무릎까지 찼으면 하고 생각하면 금방 무릎까지 차며, 허리·목 등 원하는 대로 물이 차오르며, 온 몸을 씻은 후 처음과 같이 되었으면 하더라도 마음먹은 대로 되며 차고 따뜻하기가 적당하여 자연히 마음먹은 대로 되어 정신과 몸이 상쾌하여 마음의 때가 씻긴다. 또 잔잔한 물이 일 때마다 미묘한 소리를 내는데, 혹은 불성(佛聲)·법성·승성을 내기도 하며 어떤 때는 적정성(寂靜聲)·공무아성(空無我聲)·대자비성(大慈悲聲)·바라밀성(波羅密聲)을 내어 듣는 대로 환희하기가 한량없다.

향기가 널리 퍼진다.	땅에서부터 허공에 이르기까지 궁전과 누각과 못·꽃·나무 등 일체 만물이 모두 무량한 잡보(雜寶)와 백천 종류의 향으로 합성되었으며, 장식이 기묘하기가 모든 천인(天人)의 것을 초월하였다. 또한 그 향기가 널리 시방세계까지 퍼져 이 향기를 맡는 보살은 모두 부처님의 수행을 닦게 된다.
음식이 정결하다.	이 나라 백성이 살고 있는 궁전과 의복·음식과 갖가지 꽃과 향의 장엄구는 제육천(第六天)의 것보다 훌륭하다. 만약 음식을 먹고 싶을 때는 칠보의 그릇이 자연히 앞에 놓이며, 여러 가지 맛의 음식이 저절로 가득하다. 비록 이러한 음식이 있으나 실제로 먹는 사람은 없다. 그저 모양을 보거나 냄새를 맡으며 음식을 먹는다는 생각만 하여도 자연히 배가 부르다. 이런 일이 끝나면 저절로 치워지며 때가 되면 다시 나타난다.
법복(法服)이 뜻대로 된다.	이 나라 사람의 의복은 생각하는 대로 금방 이르니, 부처님이 칭찬하신 법에 응하는 미묘한 옷이 저절로 몸에 입혀진다. 그리고 꿰매거나 다림질 하거나 물들이거나 세탁할 필요가 없다.
화조(化鳥)가 법을 연설한다.	아미타불이 항상 갖가지 기묘한 잡색의 새를 화작(化作)하시니 백학·공작·앵무·사리·가릉빙가·물오리·기러기·원앙 등이다. 이런 새들은 밤낮으로 온종일 화아(和雅)한 음성으로 오근(五根)·오력(五力)·칠보리분(七菩提分)·팔성도(八聖道) 등 법을 연창하는데, 이 소리를 듣는 자는 모두 부처님과 부처님의 가르침과 스님들을 생각하게 된다.

2. 사십팔원(四十八願)

이상과 같이 아미타불이 법장비구였을 때 청정불토를 섭취(攝取)한 후에 다시 세자재왕불 앞에 나아가서 마흔여덟 가지의 중생을 제도할 큰 원을 발하였다.

원문이 자못 복잡하여 여기서는 모두 수록하지는 못한다. 만약 전문을 보고자 하면《무량수경》을 읽어보면 스스로 알 수 있을 것이다. 여기서는 그 중에서 중요한 것과 우리들과 밀접한 관계가 있는 것을 가려 뽑아서 정법행자가 보고 수행에 힘쓰게 하였다.

이를 보면 부처님의 은덕이 얼마나 광대한가를 알 수 있을 것이니, 어찌 힘써 정진하지 않겠는가?

원의 차례	원문(願文)의 적요	《무량수경》중의 원문(願文)
1	나라 가운데 삼악도가 없기를 바라는 원	설사 내가 부처가 되더라도 나라 가운데 지옥·아귀·축생이 있으면 정각(正覺)을 이루지 않겠나이다.
2	그 나라 사람이 목숨을 마친 후에 삼악도에 떨어지지 않기를 바라는 원	비록 내가 부처가 되더라도 이 나라의 천인(天人)이 목숨을 다 한 후에 다시 삼악도에 떨어지는 자가 있으면 정각을 이루지 않겠나이다.
3	그 나라 사람의 몸이 모두 금색이기를 바라는 원	설사 내가 부처가 되더라도 그 나라의 천인이 모두 진금색이 아니면 정각을 이루지 않겠나이다.

4	그 나라 사람의 형색이 모두 같아서 잘나고 못난이가 없기를 바라는 원	설사 내가 부처가 될지라도 그 나라의 천인이 형색이 같지 않아서 잘나거나 못난이가 있으면 정각을 이루지 않겠나이다.
5	그 나라 사람들이 모두 숙명통(宿命通)을 얻기를 바라는 원	설사 내가 부처가 될지라도 그 나라의 천인이 숙명을 알지 못하고 아래로 백천억 나유타 제겁(諸劫)의 일만을 아는데 그치면 정각을 이루지 않겠나이다.
6	그 나라 사람들이 모두 천안통(天眼通)을 얻기를 바라는 원	설사 내가 부처가 될지라도 그 나라의 천인이 천안을 얻지 못하고 아래로 백천억 나유타 제불국토를 보는데 그치면 정각을 이루지 않겠나이다.
7	그 나라 사람들이 모두 천이통(天耳通)을 얻기를 바라는 원	설사 내가 부처가 될지라도 그 나라의 천인이 천이를 얻지 못하고 아래로 백천억 나유타 제불께서 설하신 법을 듣는데 그치고 모두 수지(受持)하지 못하면 정각을 이루지 않겠나이다.
8	그 나라 사람들이 모두 타심통(他心通)을 얻기를 바라는 원	설사 내가 부처가 될지라도 그 나라의 천인이 타심을 보는 지혜를 얻지 못하고 아래로 백천억 나유타 제불국토 중생의 마음이나 생각을 아는데 그치면 정각을 이루지 않겠나이다.
9	그 나라 사람들이 모두 신족통(神足通)을 얻기를 바라는 원	설사 내가 부처가 될지라도 그 나라의 천인이 신족을 얻지 못하여 잠깐사이에 백천억 나유타 제불국토를 초과하지 못하면 정각을 이루지 않겠나이다.
15	그 나라 사람의 수명이 무량하며 길고 짧기가 자재하기를 바라는 원	설사 내가 부처가 될지라도 그 나라의 천인이 수명이 능히 한량이 없으며 그 본원 외에도 길고 짧기가 자재하여지이다. 그렇지 못하면 정각을 이루지 않겠나이다.

아미타불 48대원

18	시방 중생이 십념(十念)만 하더라도 반드시 이 나라에 태어나기를 바라는 원	설사 내가 부처가 될지라도 시방중생이 지극한 마음으로 믿고 즐거워하여 나의 나라에 태어나고자 하면 십념(十念)만 하고서도 만약 태어나지 못한다면 정각을 이루지 않겠나이다.
19	시방중생이 발원하여 이 나라에 태어나고자하면 임종시에 반드시 와서 접인(接引) 하려는 원	설사 내가 부처가 될지라도 시방중생이 보리심을 발하고 모든 공덕을 닦아 지극한 마음으로 발원하여 나의 나라에 태어나고자 하면 목숨이 다할 때 만약 대중과 위요(圍繞)하여 그 사람 앞에 나타나지 않으면 정각을 이루지 않겠나이다.
20	시방중생이 회향한 공덕으로 반드시 나의 나라에 왕생하기를 바라는 원	설사 내가 부처가 될지라도 시방중생이 나의 이름을 듣거나 나의 나라를 생각하여 중덕본(衆德本)을 심어 지극한 마음으로 회향하며 나의 나라에 태어나고자 하다가 원을 이루지 못하면 정각을 이루지 않겠나이다.
21	그 나라 사람이 모두 32상(相)을 갖추기를 바라는 원	설사 내가 부처가 될지라도 그 나라의 천인이 모두 서른두 가지 대인상(大人相)을 갖추지 못하면 정각을 이루지 않겠나이다.
27	그 나라의 만물이 장엄하고 화려하여 그 수가 한량없기를 바라는 원	설사 내가 부처가 될지라도 그 나라 천인의 일체만물이 장엄하고 화려하며 형색이 수특하고 지극히 미묘하여 능히 그 수를 헤아릴 수 없으리니, 만약 천안통을 얻어 능히 명료히 그 이름과 수를 분별할 수 있으면 정각을 이루지 않겠나이다.
31	국토가 청정하여 모든 세계를 비춰 볼 수 있기를 바라는 원	설사 내가 부처가 될지라도 국토가 청정하여 시방의 모든 무량무수 불가사의 제불세계를 조견(照見)하기를 마치 밝은 거울에 얼굴을 비춰 볼 수 있는 것과 같이 하여 지이다. 만약 그렇지 못하면 정각을 이루지 않겠나이다.

32	온갖 보배로 이루어진 궁전의 향기가 널리 퍼지기를 바라는 원	설사 내가 부처가 될지라도 시방중생이 이 땅에서부터 허공에 이르기까지 궁전과 누관과 연못·꽃·나무 등 국토에 있는 일체만물이 모두 온갖 보배와 백천 가지의 향으로 합성하여, 장엄하고 기묘하기가 모든 천인의 것을 초월하되 그 향기가 널리 시방세계에까지 퍼져서 이 향기를 맡는 보살은 모두 불행(佛行)을 닦아 지이다. 만약 이와 같지 못하면 정각을 이루지 않겠나이다.
34	시방 중생이 이름을 듣고 무생법인(無生法忍)을 얻기를 바라는 원	설사 내가 부처가 될지라도 시방의 한량없는 불가사의 제불세계의 중생들이 나의 이름을 듣고 보살의 무생법인(無生法忍)과 총지법(總持法)을 얻지 못하면 정각을 이루지 않겠나이다.
35	이름을 듣고 환희하여 여자가 남자의 몸으로 변하기를 바라는 원	설사 내가 부처가 될지라도 시방의 한량없는 불가사의 제불세계의 여인들이 나의 이름을 듣고 기뻐하고 믿고 즐거워하며 보리심을 발하여 여자의 몸을 싫어하다가 수명이 다한 후에도 다시 여자의 몸을 받는다면 정각을 이루지 않겠나이다.
38	그 나라 사람의 의복이 생각에 따라 이르며 짓거나 물들이거나 빨래할 필요가 없기를 바라는 원	설사 내가 부처가 될지라도 그 나라의 천인이 의복을 얻고자하면 생각하는 대로 금방 이르러, 부처님이 칭찬하신 법에 응하는 묘복(妙服)과 같이 자연히 몸에 입혀지며 옷을 지어야 하거나 꿰매거나 두드리며 물 들이고 세탁해야 한다면 정각을 이루지 않겠나이다.
39	그 나라 사람의 즐거움이 누진(漏盡)과 같기를 바라는 원	설사 내가 부처가 될지라도 그 나라의 천인이 받는 쾌락이 번뇌를 다한 비구와 같지 않으면 정각을 이루지 않겠나이다.

이상 21원은 모두 우리들과 밀접한 관계가 있는 것들이요, 그밖에 보살들을 접인하는 원은 우리들이 당장 필요한 것이 아니므로 여기서는 적지 않는다. 만약 자세한 것을 알고 싶으면 《무량수경》을 보면 그 전모를 알 수 있다.

모든 원(願)의 끝에 매번, "만약 무엇 무엇을 하지 못하면 정각을 이루지 않겠나이다."라고 한 글이 있는데, "정각을 이루지 않겠나이다." 한 것은 곧 성불하지 않겠다는 뜻이다.

다만 아미타불이 성불한 지 이미 십겁이 지났으니, 48대원 중에 모든 원을 이미 이루었을 것임을 알 수 있다. 만약 이루지 못했다면 법장비구가 성불하기를 원치 않았기 때문이다.

세상의 선인들도 한 번 말한 것은 반드시 신의를 지키는 법인데, 어찌 만행이 구족하고 복혜(福慧)가 원만하신 부처님께서 스스로 식언(食言)하고 행동에 옮기지 않았다고 생각하랴!

만약 이와 같다면 저가 무슨 면목으로 시방의 제불보살을 뵐 수 있으며, 시방의 일체중생을 볼 수 있으랴! 또한 무슨 자격이 있어서 천인사·불·세존이라는 이름을 들을 수 있을 것이며, 사람들이 오체투지하여 예배하고 공양 찬탄함을 받을 수 있으랴!

이렇게 생각해 보면 우리들은, 저 부처님께서 48대원을 실현했다는 문제에 대해서는 다시 의심할 여지가 없을 것이다.

다만 위에서 서술한 여러 가지 원을 당연히 부처님께서 책임져야 할 것이나, 오직 제18 · 19 · 20의 세 가지 원(願)만은 행자와 부처님께서 함께 책임져야 할 문제이다. 제18원은 수행인이 저의 명호를 부르되 십념(十念) 이상이 되면 저 부처님이 여기에 책임을 져야 할 것이요, 그렇지 못했으면 저는 책임이 없다.

제19원은 수행인이 만약 일찍이 발원하여 그 나라에 태어나고자 했으면 저 부처님이 여기에 책임을 져야 할 것이요 그렇지 못했으면 책임을 지지 않는다.

제20원은 수행인이 공덕을 얻을만한 복보를 지어 이것을 회향하여 서방에 왕생하기를 바랐다면 저 부처님이 여기에 책임을 져야 할 것이요, 그렇지 못했으면 책임이 없다.

그러므로 이 세 가지 원(願)의 책임은 수행자와 부처님께서 동시에 져야 한다고 말한 것이다.

우리들이 만약 힘써 행하여 첫째, 이미 부처님의 명호를 염(念)했으며, 둘째, 이미 극락에 왕생할 원을 발했으며, 셋째, 이미 공덕을 회향하여 그 나라에 태어나기를 바랐다면, 우리 쪽에서 응당 해야 할 일은 이미 모두 마쳤다고 할 것이요, 다른 쪽의 책임은 당연히 아미타불 단독의 것이다.

저[아미타불]가 만약 우리들이 목숨을 다할 때 영접하지 않거나 극락세계에 왕생하지 않고 여전히 육도윤회 속에 내팽개쳐 둔다면, 저는 성불할 자격도 없고 '접인도사(接引導師)'라고 할 수도 없을 것이요, 아울러 석가모니불이 설하신《정토삼부경》마저도 모두 큰 속임수와 큰 망어로 전락하고 말 것이다. 당연히 저 두 분 부처님의 도덕과 지위로서는 절대 이와 같은 일은 없을 것이다.

그러므로 비록 우리들이 어리석기가 짐승 같아서 청정법안(淸淨法眼)을 갖추지는 못했으나 두 분 과인(果人)께서 발원한 원과 설한 말씀만으로 충분히 믿을 수 있는 것이다. 하물며 불법에 약간의 지식이라도 있는 자는 이 한 가지 염불법문에 깊은 작용과 깊은 도리가 함유되어 있어서, 절대 어린애가 책을 읽듯이 그저 입으로만 지껄이는 것과는 같지 않을 줄을 분명히 알 수 있을 것이다.

3. 삼위(三位)의 염불행태

염불하는 중생은 그 지혜와 공덕이 같지 않으나, 삼장(三藏)을 통달한 대덕은 물론이요 콩과 보리를 구별하지 못하는 어리석은 자라도 의심하지 않고 일심으로 염불하기만 하면 모두 능히 왕생하여 한 사람도 빠뜨리는 일이 없다.

이것은 자력(自力)에만 의지한다면 절대 이 같은 효과가 없을 것이나, 부처님의 힘을 우러러 의지하므로 모두 왕생할 수 있는 것이다.

다만 태어나는 것은 태어나는 것이지만, 품위에 높고 낮은 차별이 있다. 대본(大本)에는 겨우 삼위만 나누었을 뿐이나 《관경》에서 설한 것은 차이가 있다.

요약해서 말하면, 상위 삼품은 출가하여 세속을 여의었거나 대승을 독송하여 제일의[第一義: 가장 수승하고 진실한 도리]를 알고 공덕을 닦은 이가 보리심을 발하여 왕생을 구하는 것이요, 중위 삼품은 계율을 받들어 지키거나 공덕을 회향하여 효순한 마음으로 부모를 봉양하고 세상에 인자(仁慈)를 행하며 부처님 명호를 부르는 것에 전념한 이가 보리심을 발하여 왕생을 구하는 것이요, 하위 삼품은 죄를 짓고 계율을 어겼다가 나중에 참회하며 용맹하게 십념(十念)을 하는 이가 보리심을 발하여 왕생을 구하는 경우이다.

이것은 《관무량수경》에 있는 구품왕생(九品往生)의 형태를 근거로 한 것이니, 아래와 같이 표시하여 보기에 편리하게 하려 한다.

삼위구품(三位九品)의 왕생형태 표

품위	생전의 거동	임종의 정경	저 국토에 왕생한 후의 상황
상품상생	자비한 마음으로 살생하지 않고 모든 계행을 갖추었으며, 대승경전을 독송하고 육념[六念: 염불(念佛)·염법(念法)·염승(念僧)·염계(念戒)·염시(念施)·염천(念天)]을 수행하여 회향발원 하되, 저 국토에 왕생하기를 원하였다. 이러한 공덕을 갖추기를 하루나 7일 동안 하였다.	아미타불과 관음세지와 아울러 화불성중(化佛聖衆)이 금강대(金剛臺)를 들고 행자의 앞에 이르면 부처님은 광명을 놓아 행자의 몸을 비추시고 모든 보살과 함께 손을 뻗어 영접하며 공덕을 찬탄하고 그 마음을 위로한다. 행자는 환희하며 금강대를 타고 부처님 뒤를 따라 잠깐 사이에 극락국토에 왕생한다.	저 국토에 왕생한 후에는 부처님과 모든 보살의 색상(色相)이 구족함을 보고 광명이 나는 보림(寶林)이 설하는 묘법을 들으며 다 듣고 나서는 무생법인을 얻어 잠깐 사이에 두루 시방세계를 돌며 제불을 뵙고 차례로 수기를 얻으며, 본국에 다시 돌아와 무량 대다라니를 얻는다.
상품중생	굳이 방등경전을 수지 독송하지는 않았으나 뜻을 알고 제일의(第一義)에 마음이 놀라지 않으며, 깊이 인과를 믿어 대승을 비방하지 않았다. 이러한 공덕을 회향하여 극락에 왕생하기를 발원하였다.	목숨이 다할 때 아미타불과 관음세지의 무량한 권속이 위요(圍繞)하여 자금대를 가지고 앞에 이르러 "법자여, 네가 대승을 행하여 제일의를 알았으므로 내가 와서 맞이하노라." 하고 칭찬 하신다. 행자는 자금대에 앉아 합장하고 부처님을 찬탄하며 잠깐 동안에 저 국토에 왕생한다.	자금대(紫金臺)는 큰 보화(寶華)와 같은데, 하루를 자고 나면 벌어져 행자의 몸은 자금색이 된다. 널리 성중(衆聖)이 깊은 제일의제(第一義諦)를 설하는 소리를 듣고 7일 만에 보리도에서 물러가지 않게 된다. 그때 사방을 비행하여 제불께 예배하고 모든 삼매를 닦아 1겁만에 무생인(無生忍)을 얻어 현전에서 수기를 받는다.

상품하생	역시 인과를 믿어 대승을 비방하지는 않았으나 다만 무상도심(無上道心)을 발하여 이러한 공덕을 회향하여 극락에 왕생하기를 발원 하였다.	목숨이 다할 때 아미타불과 관음세지 등 모든 보살과 5백의 화불이 와서 영접하며 "법자여, 네가 무상도심을 발하므로 내가 와서 너를 영접하노라." 하고 칭찬하신다. 이 때 행자가 금연화 앞에 앉으면 꽃이 오므라지며 세존의 뒤를 따라 칠보연못 중에 왕생한다.	하루 낮 하루 밤 만에 꽃이 벌어지면 7일 만에 상호를 뵙지만 명료하지는 않고, 21일 후에야 비로소 분명히 뵐 수 있다. 여러 가지 소리가 법을 설하는 것을 듣고 시방에 유력(遊歷)하여 모든 부처님 앞에서 3소겁을 지나서 백법명문(百法明門)을 얻고 환희지(歡喜地)에 주한다.
중품상생	오계와 팔계재를 수지 하였으며, 제계를 수행하고, 오역을 짓지 않아서 그다지 많은 허물이 없었다. 이러한 선근을 회향하여 극락에 왕생하기를 발원하였다.	목숨이 다할 때 아미타불과 그의 모든 권속이 위요하여 금색 광명을 놓고 그 사람의 처소에 이르러 고·공·무상·무아를 연설하시며 출가를 칭찬하신다. 그때 행자가 마음이 매우 환희하여 연화대에 앉아 장궤하며 부처님께 예배하고 머리를 들지 않는 사이에 극락세계에 왕생한다.	연화가 이윽고 벌어지고 갖가지 소리로 사제(四諦)를 찬탄하는 소리를 듣고 금방 아라한도와 삼명육통(三明六通)을 얻고 팔해탈(八海脫)을 구족한다.
중품중생	단 하루 동안이나마 팔계재(八戒齋)를 가졌거나 하루 동안이라도 사미계를 가졌거나 하루 동안이라도 구족계를 지녀 위의가 흩어짐이 없었다. 이러한 공덕을 회향하여 극락세계에 왕생하기를 발원하였다.	목숨이 다하려 할 때 아미타불이 모든 권속과 함께 금색광명을 놓으며 칠보연화를 들고 앞에 이르러, "선남자여, 제불의 가르침을 수순(隨順)하였으므로 내가 와서 너를 영접하노라." 하고 칭찬하신다. 그때 행자가 연화대에 앉으면 연꽃이 오므라지면서 극락세계에 왕생한다.	칠보연못 속의 연꽃 중에 있은 지 7일 만에 연화가 벌어지면 눈을 뜨고 합장하며 세존을 찬탄하고 법을 듣고 환희하여 수다원(須陀洹)을 얻고 반 겁이 지나서 아라한을 얻는다.

중품하생	효순한 마음으로 부모를 봉양하며 세상에 인자(仁慈)를 행하였다.	목숨을 마치려 할 때에 선지식이 아미타불 국토의 즐거운 일과 법장비구의 48원에 대하여 설하시는 것을 만나, 이 법문을 다 듣고 목숨이 다 하면 팔을 구부렸다 펴는 사이에 극락국에 왕생한다.	7일이 지난 후에 관음세지를 만나 법을 듣고 환희하며 수다원을 얻고 1소겁을 지나 아라한을 얻는다.
하품상생	비록 방등경전을 비방하지는 않았으나, 많은 악업을 짓고도 참괴함이 없었다.	선지식이 대승12부경의 이름을 설하는 것을 만나 경전의 이름을 들었기 때문에 극악한 죄업을 제거하고 선지식이 다시 합장하고 부처님의 명호를 부를 것을 가르쳐주어 명호를 불렀으므로 억 겁의 생사중죄를 멸하였다. 그때 화불과 관음세지가 행자 앞에 이르러 칭찬하며, "선남자여, 네가 부처님 명호를 불렀으므로 모든 죄를 소멸하고 내가 와서 너를 영접하노라."고 하신다. 이때 행자가 환희하며 명이 다한 후에 보련화를 타고 부처님의 뒤를 따라 칠보 연못에 왕생한다.	7·7일이 지나서 연꽃이 벌어지고 꽃이 벌어질 때 관음세지가 광명을 놓으시며 이 사람 앞에 머물러 깊고 깊은 12부경을 설하신다. 법을 듣고 믿고 이해하여 무상도심(無上道心)을 발하며 12소겁을 지나 백법명문(百法明門)을 구족하고 초지(初地)에 들어간다.

하품중생	오계와 팔계와 구족계를 범하고, 승물을 도적질 하였으며, 부정(不淨)을 설법하고도 부끄러워함이 없었다. 이러한 죄인은 응당 지옥에 떨어져야 할 것이었다.	명이 다할 때 지옥의 여러 가지 불이 한꺼번에 쏟아진다. 이때 선지식이 아미타불의 십력위덕과 광명신력을 설하며 또한 계·정·혜·해탈·해탈지견을 찬탄하는 말을 듣고 억겁의 생사중죄가 소멸하여 맹렬한 불이 변하여 맑은 바람이 되어 모든 하늘꽃 위로 불면 꽃잎마다 화보살이 계시다가 이 사람을 영접하니 잠깐 사이에 금방 칠보연못 중의 연꽃 속에 왕생한다.	6겁을 지나 꽃이 벌어지면 관음세지가 법음(法音)으로 이 사람을 안위(安慰)하고 대승의 깊고 깊은 경전을 설 하신다. 법을 다 들은 후에 곧 무상도심(無上道心)을 발한다.
하품하생	불선업(不善業)과 오역(五逆)과 십악(十惡)을 지었으므로 응당 악도에 떨어져 다겁(多劫)을 지나도록 한량없는 고통을 받아야 할 것이었다.	선지식이 묘법(妙法)을 설하여 이 사람에게 염불하게 하였으나 이 사람이 고통이 심하여 염불할 겨를이 없다. 이때 좋은 벗이, "지극한 마음으로 무량수불을 부르되 소리를 끊이지 말고 열 번만 '나무아미타불'을 부르라."한다. 이 사람이 그렇게 명호를 불렀으므로 억겁의 생사중죄를 제멸(除滅)하고 명이 다하면 태양과 같은 금련화가 앞에 있는 것을 보고 잠깐 사이에 금방 극락세계에 왕생한다.	연화 중에 있은 지 12대겁을 채우고 비로소 꽃이 벌어지면 관음세지가 널리 제법실상(諸法實相)을 설하여 죄법(罪法)을 멸제해 주신다. 법을 듣고 환희하여 보리심을 발한다.

아미타불 48대원

이상 삼위구품(三位九品)의 왕생 상황을 종합해 보면, 앞의 5품은 모두 공덕을 닦아 이를 회향하여 극락국에 왕생하기를 바랐던 자로서 품위의 고저(高底)가 완전히 공덕의 심천(深淺)에 근거하고, 뒤의 4품 가운데 중하(中下)는 효순 인자하기만 하고 출세간법(出世間法)을 닦지 못했으며, 하상(下上)·하중(下中)·하하(下下) 3품은 선법(善法)을 닦지 않았을 뿐만 아니라 또한 많은 악업을 지었던 자임을 알 수 있다.

만약 생시의 이러한 행위를 가지고 논한다면, 효순 인자한 것이 비록 세상의 선인(善人)이라 하더라도 결국 불국(佛國)에 왕생하지는 못할 것이었다. 더욱이 뒤의 3품은 역악(逆惡)의 무리들로서 이치로 봐서 당연히 삼악도에 떨어져야 할 것이니, 어찌 불국에 왕생할 복덕이 있었으랴!

만약 부처님의 원력이 광대하지 않았으면 어떻게 급박하게 부처님 명호를 부른 후에 죄를 벗고 왕생하여 높이 성인의 반열에 참예할 수 있었으랴!

이렇게 마땅히 지옥에서나 만날 수 있는 자들을 목숨이 경각에 달려 있을 때 구할 수 있는 방법은 정토종문(淨土宗門) 밖에 다른 종은 전혀 속수무책하다고 나는 감히 확언할 수 있다. 이 하나만 보더라도 정토종의 기특하고 희유(稀有)한 점을 알 수 있는 것이다.

불교의 기초교리 독본에,

"《관경》의 말씀, 사람을 가장 놀라게 하네. 오역죄를 저지른 자도 왕생키를 허락하시다니! 삼장교(三藏教)는 섭수하지 못하나니, 미타 부처님의 원력 참으로 헤아리기 어렵네." 한 것이 사실이요, 털끝만 치도 과장이 아니다.

또한 구품의 임종 정경 각난(各欄)에서 아미타불의 공덕원력이 불가사의한 것밖에, 선지식의 가호(加護)만을 의지하더라도 위의 4품은 말할 것도 없고, 마지막 4품이 생전에 불법에 대해 털끝만큼의 의지도 없을 뿐만 아니라 극락세계에 대해서 전혀 생소한 자들마저도 한갓 임종 시에 선지식이 부처님 명호를 부르게 한 것에만 의지하고도 마침내 연화대에 앉아 불국에 왕생하는 것을 보면, 이것은 참으로 다른 종파들은 꿈에도 생각할 수 없는 일임을 알 수 있다.

그러므로 선지식이 부처님을 도와 법륜을 굴리는 공덕도 지극히 소중하여 거의 부처님의 힘과 함께 중생을 싣고 불국에 이르게 하는 것을 볼 수 있다.

동시에 임종의 일념(一念)이 얼마나 소중한가 하는 것도 알 수 있으니, 평소의 수행여부는 그만두고 '무릇 임종 시에 염불하면서 마음이 고요한 이는 누구를 막론하고 모두 서방에 왕생할 수 있다.' 하였으니, 반드시 이 점을 깊이 유념해야 된다.

독자들은 뒤의 4품 중생이 생전에는 전혀 염불한 적이 없었고, 심지어 갖은 악행을 저지르다가 임종 시에 선지식의 가르침을 받고 열 번의 명호를 부르고서 곧 왕생했다는 사실을 듣고는 이런 생각을 할 것이다.

'임종 시에 어떤 사람의 지시만을 의지하고도 누구나 왕생할 수 있다면, 평소에 굳이 염불할 필요도 없고 무슨 악을 짓든지 죽을 때 염불 열 번만 부르면 금방 왕생할 수 있겠구나!' 하고.

이런 생각은 매우 잘못된 것이다. 평소에 염불한 것이 임종에도 습관이 되어 부처님의 접인왕생을 입게 되는 것이니 이것이 정상적인 현상이요, 평소에는 염불하지 않다가 임종 시에 선지식의 가르침을 받고 이윽고 정념(正念)을 내는 것은 특별한 현상인 것이다.

세상 사람이 죽을 때 정경은 실로 천태만상이다. 예를 들면 능히 정침(正寢)에서 병들어 죽지 못하고 감옥이나 길에서 죽거나 벌판이나 병원의 수술대 위에서 죽을 때는 어떻게 할 것이며, 부근에 선지식이 없을 때는 어떻게 할 것인가?

비록 집에서 죽더라도 가족들의 정신이 허둥지둥하여 어쩔 줄 모르거나 믿지 않거나 달갑게 여기지 아니하여 선지식을 청할 줄 모를 때는 어떻게 할 것이며, 갑자기 명이 다하여 미처 선지식을 청할 새가 없을 때는 어떻게 할 것인가?

선지식이 이미 왔더라도 병자가 정신이 혼미하여 능히 법을 들을 수 없을 때는 어떻게 할 것이며, 병이 위중하여 고통이 심할 때 신경이 착란하여 태도가 거칠어져서 좋은 말도 듣지 않으려 하고 염불을 달가워하지 않을 때는 어떻게 할 것인가? 이런 경우가 모두 문제인 것이다.

아미타의 제19원에, "시방중생이 발원하여 나의 국토에 태어나고자 하고서 목숨이 다할 때 대중과 함께 위요하여 그 사람 앞에 나타나지 않으면 정각을 이루지 않겠나이다." 하였으니, 원문(願文) 중에서는 다만 '목숨이 다할 때'라고만 하였고 어떻게 죽는가에 대해서는 말하지 않았다.

그러므로 행자가 발원한 후에 만약 불에 타 죽거나 물에 빠져 죽거나 독살을 당하거나 압사하거나 뇌일혈이나 호열자, 페스트로 죽거나 벼락을 맞아 죽는 경우 등을 당하여 능히 염불을 할 수 있든 하지 못하든 미처 염불할 새가 있든 없든 간에 모두 '목숨이 다할 때'라 간주하고, 부처님이 대중과 함께 위요하며 그 앞에 나타나 접인하여 왕생케 하는 것이다.

만약 평소에 염불을 하지 않거나 왕생을 원하지 않다가 이때에 이르러 선지식이 염불하게 하기를 기다린다면, 혹시 임종에 풍기로 몸을 가눌 수 없거나 극도로 고통스러울 때는 염불을 기억하려 하여도 당연히 불가능하다.

아미타불 48대원

결론적으로 말하면 선지식을 의지하는 것은 평소를 의지하는 것만 못하다. 그러므로 행자가 평소에 부처님 명호를 불러야 하는 것이니, 이것이 아미타 부처님의 제18발원인 '십념(十念)만으로도 반드시 왕생케 하려는 원'이요, 평소에 왕생을 발원해야 할 것이니 이것이 제19원인 '발원하여 이 나라에 태어나고자 하는 자는 임종에 반드시 와서 접인하려는 원'이요, 또한 평소에 지은 공덕을 회향하여 극락세계에 왕생하기를 구해야 할 것이니 이것이 제20원인 '회향공덕으로 반드시 왕생을 이루려는 원'인 것이다.

이와 같이 하면 임종에 반드시 왕생을 보장 받을 수 있고 부처님의 가피를 얻을 수 있으니, 이는 마치 예약권을 사 두거나 생명보험에 들어 둔 것과 같아서 어찌 평안하기가 태산과 같지 않겠는가?

만약 미리 이러한 신중하고 평안하고 안락한 조치를 해 두지 않고 다른 사람이 요행히 성공한 모험이나 행동을 본받으려 한다면, 이는 마치 어떤 사람이 깊은 산속에서 길을 잃고 헤매다가 죽지 않고 도리어 땅속에 묻힌 금덩이를 얻은 것을 보고, 자기도 산 중에 들어가 이리저리 헤매며 행운을 얻기를 바라면서 몸이 가루가 되고 뼈가 부서지지 않으면 그만두지 않는 것과 같다 할 것이다.

三. 정토를 수행하는 방법

1. 신 (信)·원(願)·행(行) 세 가지 자량(資糧)

정토법문은 행하기는 쉬우나 믿기는 어렵다. 《불설아미타경》에서 세존께서도, "염불법문은 세상에서 믿기 어려운 법문이다." 하고 인정하셨다. 그러므로 이 법의 골간은 완전히 믿는 마음에 의하여 건립되었고, 믿는 마음에 의하여 지탱한다. 믿는 마음이 있으면 행동에 옮길 수 있어서 인(因: 信)과 과(果: 行)가 원만할 것이요. 그렇지 않으면 불문이 아무리 넓다 하더라도 믿지 않는 중생은 능히 제도하지 못한다.

믿음[信]·바람[願]·실제 수행[行]을 정토의 세 가지 자량(資糧)이라고 한다. 자량이란 비용과 양식의 뜻으로, 비유하자면 먼 길을 여행하려면 반드시 비용과 양식이 필요하며 이 두 가지가 부족하면 절대 목적지에 도착하지 못하는 것과 같다.

그런데 이 세 가지 자량은 서로 연관관계에 놓여 있으니, 차례대로 믿음으로 인하여 바라게 되고, 바람으로 인하여 실제 수행하게 되는 것이다. 만약 믿음이 갖추어지지 않으면 바람[願]과 행위[行]도 성립되지 않는다.

그러면 무엇을 어떻게 믿을 것인가?
정법행자는

첫째,《정토삼부경》은 세존의 진실한 말씀이지 결코 속이는 말이 아님을 믿어야 한다.

둘째, 우리들이 살고 있는 예토 밖에 확실히 정토가 있는 줄 믿어야 한다.

셋째, 아미타불이 48대원을 세워 정토를 건립한 사실은 천만 번 진실하고 확실하여 지금도 현존하고 있음을 믿어야 한다.

넷째, 정토에 태어나건 예토에 태어나건 이것들은 모두 자심(自心)이 조종한 것이어서, 깨끗한 인을 심으면 깨끗한 과를 얻고 더러운 인을 심으면 더러운 과를 얻어서 우연히 이루어진 것이 아님을 믿어야 한다.

다섯째, 부처님 명호를 부를 때의 정념(正念)이 확실히 부처님의 마음과 합치하여 감응을 발생하여 임종 때 저 부처님이 직접 접인왕생함을 입게 되는 줄 믿어야 한다.

여섯째, 비록 우리의 악업이 깊지만 저 나라에 태어난 후에는 훌륭한 환경과 불보살의 끊임없는 가르침으로 인하여 악념(惡念)이 영원히 다시는 일어나지 않고 악보(惡報)가 영원히 성숙하지 않음을 믿어야 한다.

일곱째, 자신의 힘과 부처님의 힘이 모두 불가사의하지만 부처님 힘의 크기가 우리의 것보다 백천만억 배나 초월함으로, 비록 자신의 힘이 보잘 것 없다 하더라도 또한 능히 왕생할 수 있음을 믿어야 한다.

여덟째, 부처님에게는 불가사의한 해탈법문이 있어서 한 티끌 속에서도 능히 세계를 건립할 수 있다. 그래서 설령 시방 중생이 모두 그 곳에 태어나더라도 모든 처소나 생활도구가 조금도 좁거나 모자라는 법이 없음을 믿어야 한다.

아홉째, 한 마디 부처님 명호를 부를 때마다 저 부처님께서는 모두 들으시고 모두 섭수 하시는 줄 믿어야 한다.

열 번째, 염불하는 사람이 목숨을 다할 때 저 부처님께서 반드시 와서 접인하여 극락국에 왕생케 하시고 절대로 다시는 육도윤회에 떨어지지 않게 하시는 줄 믿어야 한다.

결론적으로 말하면, 이런 일들을 일일이 다 말할 수는 없으나 부처님이 설하신 경은 모두 진실한 말씀이니 깊이 믿어 절대 의심을 내어서는 안 된다는 것이다. 의심은 도(道)에 장애가 되어 자연히 원(願)과 행(行)을 일어나지 않게 한다. 그러므로 믿음이 있으면 자연히 그 국토에 태어나기를 원하게 되고, 그 나라에 태어나기를 원하면 자연히 법을 의지하여 행을 일으키게 되는 것이다.

세상 사람은 근기가 같지 않으므로 견해도 역시 다를 수밖에 없다. 어떤 사람은 "정토는 거짓말이다." 하며 믿지 않고, 어떤 사람은 "사람이 죽으면 모든 것이 다 없어지고 마는데 어찌 후세가 있으랴." 하며 믿지 않으며, 어떤 사람은 "여기에 태어나고 저기에 나며 고(苦)를 받고 낙(樂)을 받는 것이 모두 우연히 되는 것이지 어찌 인(因)을 닦아 과(果)를 얻는 일이 있으랴." 하며 믿지 않으며, 어떤 사람은 "염불하여 서방에 왕생한다는 것은 어리석은 사람을 꾀어서 선행을 하게 한 것이니 사실 어찌 이런 일이 있으랴. 석가가 다른 사람은 속일 수 있을망정 나만은 속이지 못한다." 하며 믿지 않고, 어떤 사람은 "서방에

아미타불 48대원

비록 불국이 있다 하더라도 단지 몇 번 부처님 명호를 부르는 것만으로 왕생하지는 못할 것이다." 하며 믿지 않으며, 어떤 사람은 "인간은 탐진치와 이기심이 매우 많은 존재로서 비록 극락에 태어나더라도 여전히 전의 성질을 고치지 못할 것이니, 당장 선인(善人)으로 변한다는 말은 어불성설이다."하면서 믿지 않고, 어떤 사람은 "이 세상에서는 사람이 악을 저지르면 으레 일일이 모두 그 과보를 받아야 한다. 그런데 지금 극락국토에 태어난 후에는 아무것도 따지지 않고 모든 것을 취소한다고 하니 이것은 인과율에 맞지 않다. 절대 이런 이치가 있을 수 없다." 하며 믿지 않으며, 어떤 사람은 "십념(十念)만으로 왕생한다는 것은 전적으로 거짓말이다. 만약 모든 중생이 누구나 십념만으로 왕생할 수 있다면 지옥도 텅텅 비고 세상에는 인류가 없을 것이니, 세상에 어찌 이런 일이 있을 수 있으랴." 하며 믿지 않으며, 어떤 사람은 "국토와 모든 방사와 생활도구가 한도가 있고 왕생하는 숫자가 꾸역꾸역 몰려와서 한정이 없을 것이다. 이렇게 되면 방사도 물자도 모두 바닥이 나고 말 것이니, 이런 모순이 어디 있겠는가?" 하며 믿지 않으며, 어떤 사람은 "옷을 생각하면 금방 옷이 있고 밥을 생각하면 금방 밥이 있어서 무엇이든 생각하기만 하면 사람의 힘을 빌리지 않고 자연히 생긴다 하니 이것은 꿈같은 이야기요, 어린애를 속이는 일이나 다름없다." 하며 믿지 않으며, 어떤 사람은 "극락국의 금지(金池)와 연지(蓮池)와 칠보 누각은 설계하여 지은 것이 아니고 재료도 들이지 않고 이루어졌다 하니 이것은 상고의 신화에 불과하여 과학에 맞지 않는 이야기다." 하며 믿지 않는다.

이와 같은 의심은 인간의 머릿속에 끊임없이 들끓어서 이루 다 말할 수는 없으나, 여기서는 지면이 한정되어 일일이 해석하지는 못한다.

결론적으로 말하면, 만약 이 세상의 선입견에 빠져서 여래의 신통 변화와 중생의 정식(情識)을 종합하여 만들어진 극락세계를 비교하려 한다면, 마치 개미가 인간의 국가와 사회의 갖가지 복잡한 조직과 행동을 추측하려는 것과 같다 할 것이니, 설사 백 만년을 추측하더라도 도저히 미칠 수 없는 노릇임을 알아야 한다. 왜냐하면 개미는 근본적으로 인간과 다른 존재이기 때문이다.

다시 말하면 우리는 부처가 아닌 이상 어떻게 명백히 부처의 지혜와 신통을 알 수 있겠는가? 기왕 분명히 알 수 없다면 함부로 추측하는 따위의 우(愚)를 범하지 말아야 할 것이요, 다만 부처님의 말씀을 믿고 실행하여 착오나 공(空)에 떨어지는 일이 절대로 없어야 할 것이다.

만약 스스로 생각하기에 '나는 매우 총명하다. 절대로 그런 속임수에 넘어가지 않는다.' 한다면, 지혜 있는 자가 보기에는 이야말로 정말 어리석고 서투른 짓이며, 복과 지혜가 천박한 자의 소행임을 간파할 것이요, 이렇게 함으로서 가장 얻기 어려우면서도 가장 손쉬운 법문을 잃게 되는 것이다.

위에서는 대부분 믿음 방면에서만 말하였고, 바람[원(願)]과 실행

[행(行)]에 대해서는 설명이 부족하였다. 그 까닭은 믿음이 진실하면 바람과 실행을 일으킬 수밖에 없어서, 굳이 권하고 찬탄할 필요가 없기 때문이다. 예컨대 발밑 한 자 되는 곳에 황금이 묻혀 있다는 것을 확신한다면 캐내기를 원치 않는 자가 없을 것이요, 만약 행동에 옮기지 않는다면 이것은 알고 있는 것이 부족하거나 확신을 갖고 있지 못했기 때문이다.

2. 십선(十善)을 닦는 것이 정토의 근본이다

십선이란, 몸으로 행하는 세 가지 선행[생명을 죽이지 말라. 도둑질하지 말라. 사음하지 말라.], 입으로 행하는 네 가지 선행[거짓말 하지말라. 비단같이 꾸미는 말 하지 말라. 두 혀를 놀리지 말라. 상스러운 말 하지 말라.], 마음으로 행하는 세 가지 선행[탐내지 말라. 성내지말라. 어리석지 말라.]을 말한다.

이 십선은 모든 선법의 기본이며 모든 선법의 기초이다. 선법을 닦으려 하면서 십선을 닦지 않는다면 이는 마치 백 척 빌딩을 진흙 위에 세우려는 것과 같아서 절대 성공할 가망이 없다.

부처님이 《십선업도경》을 설하실 때 용왕에게 말하기를, "이 십선은 능히 십력(十力)과 사무외(四無畏)와 십팔불공법(十八不共法) 등 일체 불법을 원만하게 한다. 그러므로 너희들은 응당 부지런히 수학하라. 용왕이여, 모든 성읍과 취락이 모두 대지를 의지하여 안주하며, 모든 약초와 초목총림도 모두 땅을 의지하여 생장하듯이, 이 십선도도 이와 같이 모든 천인(天人)이 이를 의지하여 존재하며, 모든 성문(聲聞)과 독각(獨覺)의 보리와 모든 보살행과 모든 불법이 모두 십선의 대지를 의지하여 성취 되느니라." 하셨다.

또한《관무량수경》에서 부처님이 위제희에게 말씀하시기를, "극락국토에 태어나고자 하면 마땅히 세 가지 복을 닦으라. 그 중에 제일복은 부모를 효양하고 스승을 섬기며 자비스런 마음으로 살생하지 않으며 십선업을 닦는 것이다."라고 하셨다.

그러므로 염불인은 반드시 십선을 닦는 것이 정업의 기본임을 명심해야 한다. 만약 도념(道念)이 간절하지 않거나 십선을 어기고 지키지 않으면 결코 극락국토에 왕생키 어렵다는 것을 깊이 명심해야 한다.

이런 까닭에 정토를 행하는 사람이 언제나 조심하고 두려워해야 할 것은, 몸과 입과 마음으로 짓는 세 가지 업을 수호하여 악을 짓지 아니하며, 동시에 부지런히 염불을 정진해야 하는 일이다. 그렇게 하면 왕생하는 일은 보증서를 받아둔 것과 같아 결코 의심할 여지가 없다.

3. 도리에 충실하고 직분을 다하라

세간법과 출세간법은 서로 표리관계에 놓여 있으며 더욱이 재가불자는 사회와 가정을 떠날 수는 없다. 그러므로 장관은 장관답게 일심으로 국가와 국민을 위해야 하고, 관리는 관리답게 자기 직분에 충실해야 한다. 또한 상인은 사고파는 것이 진실하여 어린아이나 노인에게도 속이는 일이 없어야 하고, 의사는 가난하고 병든 자를 불쌍히 여기며 진심으로 진료해야 한다. 그 외는 유추하여 알 수 있을 것이니, 일일이 말하지는 않겠다.

결론적으로 말하면, 임무가 곧 채무인 만큼 한편으로 고통스러운 빚을 청산하듯이 공덕을 쌓고, 한편으로는 불법을 수학하면 곧 해탈할 날이 있을 것이다.

심지어 부모가 된 이는 부모답게 자식은 자식답게 부부·형제·선생·친구는 부부나 형제·선생·친구답게 제각기 도리를 충실히 하고 제 본분을 다 하는 사람이어야만 비로소 출세간법을 말할 수 있다.

만약 세간법은 마치 술찌꺼기 버리듯이 내 팽개쳐 옷 입고 갓 쓴 짐승과 같이 하면서, 세상을 벗어나 부처를 이루고 조사가 되려 하거나 염불하여 왕생하려 한다면, 정업을 이루기 전에 악과(惡果)가 먼저 성숙하여 삼악도에 떨어지지 않을까 두렵다.

그러므로 배우는 자들에게 바라노니 , 출세간법을 닦을 때 세간법을 포기하지 말 뿐만 아니라, 세간법을 정정당당하게 감당하여 조금도 어김없이 하라. 이야말로 출세간법의 근본인 동시에 성공할 희망이 보이는 것이다.

만약 전에 잘못을 저지른 일이 있으면 반드시 지금부터 깨끗이 고치고 다시는 짓지 말라. 불문은 광대하여 참회하기를 허락하였으니, 참회한 후에는 영원히 다시는 범하지 말라. 허물을 뉘우치고 널리 착한 일을 행하면 죄과(罪過)가 없어지고 마니, 마치 독을 담은 그릇을 깨끗이 씻고 난 후에는 전혀 독이 없는 것과 같다.

4. 널리 공덕을 닦아 원왕생(願往生)하는 데 회향하라.

《관무량수경》에서 부처님이 아란과 위제희에게 말씀하시기를,
"상품상생이란, 만약 어떤 중생이 그 나라에 태어나기를 원하는 자는 세 가지 마음을 발해야만 곧 왕생할 수 있다. 어떤 것이 세 가지 마음인가? 첫째는 지성심(至誠心)이요, 둘째는 심심(深心)이요, 셋째는 회향발원심(回向發願心)이다.

이 세 가지 마음을 갖춘 이는 반드시 저 나라에 태어나리라." 하였다. 경에서 말한 지성심이란 거짓 없는 참되고 성실한 마음이요, 심심

이란 널리 공덕을 닦거나 즐겨 모든 선법을 쌓는 것이요, 회향발원심이란 닦은 공덕과 쌓은 선법을 가지고 극락세계에 태어나기를 회향발원하는 것이다.

미타가 48대원을 발한 가운데, 제 20원에도 "설사 내가 부처가 될지라도 시방 중생이 나의 이름을 듣거나 나의 나라를 생각하여 중덕본(中德本)을 심어 지극한 마음으로 회향하여 나의 나라에 태어나고자 하면서 그 원을 이루지 못하면 정각을 이루지 않겠나이다." 하였다. 이 말은 세상 사람이 만약 그가 지은 공덕을 가지고 이 나라에 태어나기를 구하는데 회향하면 반드시 그 원과 같이 된다는 뜻이다.

회향한다는 이 한 가지 사실은 불법 가운데서 매우 중요한 위치에 있다는 점에 유의해야 한다. 여기서는 대략 그 의의에 대하여 논하려 한다.

부처님의 거룩한 명호가 불가사의하며 청정팔식(淸淨八識)이 불가사의하며 중생심(衆生心)도 불가사의하여 이 세 가지 불가사의를 합하여 정토법이 이루어졌으므로 정토법도 역시 불가사의하다. 그래서 정토행자가 단지 부처님 명호를 염(念)하는 것만으로도 능히 왕생할 수 있는 것이다.

다만 심심행자(深心行者)는 그 정토법을 닦을 때 염불하는 일 밖에 다시 널리 공덕을 닦아 원왕생(願往生)하는 데 회향하는 것이 중요하다. 왜냐하면 그렇게 함으로서 첫째, 미타에 공양하여 불토를 장엄하며 둘째, 조연(助緣)을 지어 도과(道果)를 증상하며 셋째, 대승심을 내어 보살행을 배우게 되니, 그렇게 함으로서 단지 부처님 명호를 염(念)하는 것만으로 만족하지 않게 된다.

모든 일이 인과를 여의지 않아서 세간법이 이와 같을 뿐만 아니라, 출세간법도 역시 이와 같다. 그러므로 선과 악을 생각하는 것은 물론이고 선과 악의 행위도 모두 거기에 상응하는 후과(後果)가 있는 것이다.

이러한 이유로 행자가 선법을 닦으면 장래에 반드시 복보(福報)를 얻게 되는데, 이 선법이 만약 유루(有漏)의 인천과(人天果)에 속한다면 장래에 인천의 과보를 받게 되지만, 구경락(究竟樂)은 아니어서 복이 다하면 다시 타락하게 되고, 무루(無漏)의 사성과(四聖果)에 속하면 장래에 오불환천(五不還天)이나 시방정토의 과보를 얻게 된다.

그런데 행자가 인천의 복락을 받지 않으려 하거나 다시 타락할 것을 두려워하여 스스로 원하기를, "이 공덕으로 극락국에 왕생하는 증상연이 되어서 반드시 아미타불의 극락국에 왕생하는 과보를 받아지이다." 하면, 인천이나 타방정토(他方淨土)에 태어나는 복보는 성숙하지 않고 장래에 과보를 받을 때 극락국의 정업이 이루려 하지 않아도 저절로 이루어지는 것이다. 왜냐하면 일체 법이 오직 마음 뿐이라,

심력(心力)이 능히 업과를 짓기도 하고 업과를 바꾸기도 할 수도 있기 때문이다.

그러므로 행자는 닦는 선업이 유루거나 무루를 막론하고 인(因)을 심을 때 자신의 생각에 받아야 할 복보를 반드시 불국에 두면 이 일념이 팔식전(八識田) 중의 종자로 하여금 금방 무루습기(無漏習氣)의 훈습(薰習)으로 변화하여 무루의 정법종자를 이루게 할 뿐만 아니라, 장래 과보를 받을 때 미리 자유롭게 결정할 수도 있게 되니, 이것이 바로 깊고 미묘한 유식학(唯識學)의 이치인 것이다.

이렇게 회향법이 불법에서 차지하고 있는 위치가 매우 중요하니, 행자는 반드시 깊이 믿고 의심치 않아야 비로소 효과를 얻을 수 있다. 만약 조그마한 의심이라도 품은 채 정토법을 닦으면 큰 이익을 잃게 되는 것은 이런 까닭이다.

아미타불은 종자가 유루에서 무루로 변할 수도 있고 공덕이 이 국토에서 저 국토로 옮길 수도 있는 줄을 깊이 알았으므로 감히 제20원을 발하였던 것이며, 천수백 년이래 불법 대덕들도 이러한 이치를 깊이 알았으므로 감히 회향발원문을 지어, 이 공덕을 회향하여 극락국토에 태어나기를 구할 것을 극력 제창하고 권하였던 것이다.

행자는 어떤 공덕을 지었던지 간에, 심지어 한 푼의 돈을 시주하거나 한 마리 개미의 목숨을 구해 주었더라도 이런 일을 한 후에 먼저 아미타불이 나의 눈앞에 계신다는 것을 생각하고 합장하며 입 속으로,

원컨대 이 공덕으로
아미타 부처님 정토를 장엄하여
위로 네 가지 큰 은혜를 갚고
아래로 삼도에 고통 받는 중생을 제도해지이다.
만약 보고 듣는 자가 있으면
모두 다 보리심을 내어
이 목숨 다할 때
똑같이 극락국토에 왕생해지이다.

願以此功德 莊嚴佛淨土
上報四重恩 下濟三道苦
若有見聞者 悉發普提心
盡此一報身 同生極樂國

하고 발원하라. 이 게(偈)를 발원한 후에는 지은 공덕이 부처님과 나 쌍방의 심력에 의지하여 극락국으로 가는 자량이 되어 불토를 장엄하게 될 것이다.

간단하고 편리한 것을 소개하면 아래 사구(四句)를 염하여도 무방

하다.

> 삼가 이 공덕으로
> 아미타불께 공양하옵나니
> 저의 목숨이 다할 때
> 극락세계에 왕생키 원하나이다.

> 謹以此功德 供養彌陀佛
> 願我命終時 卽生極樂國

이렇게 회향한 후에는 지은 공덕이 유루든 무루든 관계없이 모두 장차 무루 출세간법이 될 것이요, 또한 아미타불이 일찍이 제20원을 발한 적이 있으므로 책임지고 섭수치 않을 수 없는 것이다.

5. 임종 때 신중히 하라.

인간의 최후 일념은 그 역량이 내생에 태어날 곳을 결정짓는다. 이러한 이치로 염불하는 사람은 반드시 임종 시에 아미타불을 염해야 불국에 왕생할 수 있다.

《아미타경》에 의하면, "만약 7일 동안 염불하되 지극한 마음이 흩어지지 않으면[일심불란—心不亂] 그 사람이 목숨을 다할 때 부처님과 여러 성인이 그 앞에 나타나시리니, 이 사람의 마음이 전도(顚倒)하지 않으면 곧 왕생할 수 있으리라." 하였으니, 경문에서 설한 바를 당연히 믿어야 할 것이다.

다만 정업(淨業)이 깊지 않은 행자가 만일 '임종에 부처님이 와서 접해 주지 않으면 어쩌나!' 하고 두려워하면 그 마음이 전도치 않을 수 없고, 마음이 전도하면 능히 극락국토에 왕생할 수가 없다.

이럴 경우에는 목숨이 다하려 할 때 다른 사람이 곁에서 염불을 도와주어야 할 필요가 있다. 이렇게 해야만 병든 사람을 이끌어 염불하는 마음을 내게 할 수 있기 때문이다. 이것이 바로 염불모임, 곧 조념회(助念會)를 만들어야 할 필요가 있는 근거이다.

이 법은 평소에도 도우(道友) 약간 명이 염불모임을 만들어 때때로 서로 모여 지극한 마음으로 염불 발원하다가, 회원 중에 어떤 도우가 병이 깊이 들어 정신이 혼미할 때 그의 가족이 회우(會友)들에게 통지하면 도우들이 병자의 방에 들어가서 향을 피우고 염불하는 것이다.

이렇게 하면 병자가 눈으로는 불상을 보고 귀로는 부처님 명호를 들으며 코로는 전단향(栴檀香)을 맡고서 자연히 정념(正念)을 내어 서방에 왕생하는 데 도움을 얻게 된다.

행자가 임종을 신중히 해야 하는 방법은 단을 나누어 아래에 자세히 적으니 참고하시기 바란다.

가. 병이 깊어 위독할 때

행자가 병이 위중할 때는 가족이 각 회우에게 통지하여 집에 와서 염불해 줄 것을 부탁한다.

회우가 집에 와서 병자가 아직 정신이 혼미하지 않은 것을 보면, 그의 가족에게는 눈물을 보이거나 울지 말게 하고 병자를 대해서 집안일을 말하거나 유언을 물어 세간사에 신경 쓰는 마음이 일어나지 않게 하기를 권고하는 한편, 병자에게는 마음과 몸을 모두 놓아 버리고 다만 부처님 명호만을 부르게 하며, 아울러 "극락국은 매우 즐거운 곳이다. 네가 지금 모든 것을 버리고 그 나라에 태어나 아미타 부처님을 직접 뵙고 부처님의 설법을 듣게 되었으니 얼마나 기쁜 일이냐? 앓고 있는 병은 다생의 숙업으로 얻어진 것인 줄 알고 잠시만 참아야 한다."라고 일러 준다.

만약 병자가 여러 가지 생각을 떨쳐버리지 못하면 적절한 방법을 강구하여, 부드러운 말이나 좋은 말로 그의 마음을 위로하되, 평소 그의 수행공덕에 대하여 찬탄하고 이 공덕에 의지하여 극락국토에 왕생할 수 있다는 것을 스스로 믿게 한다.

만약 병자가 정신이 혼미하여 인사불성이 되었으면, 회우가 부처님 명호를 부르며 가볍게 법기(法器)를 두드리되, 그 소리가 너무 시끄러워서는 안 된다. 시간이 너무 오래 걸릴듯하면 서로 번갈아 가면서 병석을 지키며 부처님 명호가 끊어지지 않게 하되, 숨이 넘어가 몸이 식을 때까지 계속한다.

나. 명이 다한 후

행자가 명을 마칠 때는 회우가 부처님 명호를 끊이지 않고 부르는 것 외에, 아울러 가족에게 울거나 몸을 씻기거나 옷을 입히지 말게 하고 큰 소리로 진동이 발생하여 망자가 놀라지 않게 하도록 한다.

흔히 호흡이 정지하여 심장이 뛰지 않으면 곧 죽었다고 생각하고 있으나 사실은 이때 제8식(第八識)은 아직 떠나지 않았으니, 만약 곡소리를 내거나 이동할 때 감촉이 시신에 미치면 아직 감각이 남아 있어서 혹시 화를 내어 악도에 떨어질지 모른다.

경에 아사달 왕이 죽었을 때 시신을 지키는 신하가 부채를 들고 파리를 쫓다가 실수로 왕의 얼굴을 스쳤는데 왕이 진심(瞋心)을 내어 뱀의 몸에 떨어졌다는 이야기가 있다. 그러므로 이 일을 매우 신중히 하여 사람이 곁에서 염불을 계속하여 정념이 끊어지지 않게 하며, 그렇게 하지 못할 경우에는 문 앞에 지키고 서서 사람이나 고양이나 개가 들어오지 못하게 하여야 한다.

몸을 씻기고 옷을 입히고 수족을 움직여 염하고 입관하는 등의 일은 숨이 넘어간 지 잠시 후에 하도록 하여야 한다.

이 밖에 주의해야 할 일은, 가족이나 도우가 왕왕 결과는 살피지 않고 수행인은 반드시 좌탈(坐脫)해야 한다고 생각하고는 급히 죽은 자를 부축해 일으켜 다리를 비틀고 손을 포개어 가부좌한 자세를 짓게 한다. 그러나 죽은 이는 이때 제8식이 아직 남아 있으므로 심한 고통을 느끼며 진심을 낼 줄을 알지 못하고 있는 것이다. 이는 부질없는 헛된 이름을 사모하여 도리어 죽은 자로 하여금 삼악도에 떨어지게 하는 결과를 빚게 한다.

이런 일은 석가세존이 옛날 구시나성 사라쌍수 사이에서 2월 15일에 열반에 드실 때 실제 누워서 돌아가셨으니, 석가 부처님이 도력이 없어서 그렇게 하신 것이겠는가?

이것을 보면 누워서 죽든 앉아서 죽든 그 자연스러운 상태를 따를 일이지, 체면을 차리느라 도리어 망인으로 하여금 화를 당하게 해서는 안 된다.

다. 중음(中陰)을 구도(救導)하라.
우리의 몸은 오온(五蘊)이 합하여 이루어졌으니, 오온은 또한 오음(五陰)이라고도 한다. 그러므로 살아 있을 때의 몸을 전음(前陰)

이라 하고 죽은 후를 후음(後陰)이라 하며 이미 죽었으나 아직 다른 곳에 태어나기 전 중간단계를 중음(中陰)이라 한다.

이미 죽은 사람은 8식(八識)이 몸을 떠났을 때가 곧 중음신(中陰身)의 시작인데, 욕계(欲界)의 중음신은 크기가 5~6세 아이만하며, 여러 감각기관이 영리하고 신통력과 기억력이 생전에 비하여 아홉 배나 높다.

사람이 죽은 후 식신(識神)은 비록 몸을 떠나 중음신이 되었으나, 이때 중음신이 도리어 시신 부근에 머무르며 산 사람이 시신을 위하여 몸을 씻기거나 옷을 입히며 권속이 곡하는 등의 일을 낱낱이 보고는 산 사람에게 물어보지만, 산 사람은 알지도 보지도 못하여 아무 대답이 없으므로 저는 낙심하여 포기하고 떠나가려하나 다시 두려워서 이럴까 저럴까 어쩔 줄 몰라 한다.

그러므로 죽은 자가 비록 몸이 차가워졌더라도 산 사람은 저를 위해 법을 설하여 모든 탐·진·치를 버리고 오롯이 정토에 왕생하기를 바라도록 권해야 하며, 아울러 큰 소리로 염불하여 중음신이 듣고 바른 마음을 일으키도록 하여야 한다.

본인이 만약 생전에 염불한 적이 있었으면 이때 매우 쉽게 벗어나서 불국에 왕생할 수 있겠지만, 만약 생전에 염불해 본 적이 없으면 이때 마음이 이럴까 저럴까 결정하지 못하고 환경이 처량하고 의지할 곳이 없던 차에 한 번 부처님 명호를 듣고는 반드시 이 일념에 의지하여 불국에 왕생할 것이다.

그러므로 산 사람이 이때 죽은 사람을 대하여 큰소리로 염불하면 생전에 불법을 믿었던 믿지 않았던, 혹은 정토에 경험이 있던 경험이 없던 간에 모두 이익이 있을 것이다. 이것이 죽음을 구도(求導)하는 방법이니 어김없이 행하도록 하여야 한다.

라. 망자를 천도(薦度)하는 법

시신을 거두기를 마치면 상사(喪事)는 이미 일단락 된 것이다. 이때 효성스런 아들이나 손자는 반드시 49재를 올려서 망령(亡靈)을 천도하되, 망인이 서방에 왕생했던 하지 못했든 관계없이 부모님의 은혜에 보답한다는 뜻에서 반드시 불사(佛事)를 닦아서 가시는 길을 도와 드려야 한다.

만약 이미 서방에 왕생하셨으면 복과 지혜를 증장시켜 드리는 것이요, 서방에 태어나지 못했으면 숙세의 죄업을 소멸하고 선도(善道)에 태어나게 해 드리는 것이다.

망자를 천도하는 법사(法師)는 일심으로 부처님 명호를 부르되, 《금강경》이나 《아미타경》, 혹은 대비주(大悲呪) 등을 독송할 수 있으면 더욱 좋다. 이렇게 재를 모신 후에는 망인에게 회향하여 서방에 태어나는 자량(資糧)이 되게 하면 참으로 아름다운 일이 될 것이다. 만약 경을 독송할 수 없으면 부처님 명호만을 불러도 무방하다.

　망인의 유물이나 재산 등은 매각할 수 있으면 그 돈으로 병들고 가난한 자와 불구자나 임산부에게 보시하거나 혹은 절을 짓고 탑을 쌓으며 경서(經書)를 번역하여 여러 스님들께 공양하되, 이 공덕을 가지고 부모님을 위하여 숙세의 업을 소멸하고 불국에 왕생하는 데 회향하면 살아 있는 자나 죽은 자가 모두 큰 이익을 얻을 것이다.

四. 지명염불(持名念佛)

1. 실상(實相), 관상(觀相), 지명(持名) 삼자(三者)의 비교

염불은 오직 구념(口念)만을 말하는 것이 아니요 심념(心念)도 역시 염불로 친다. 그러므로 염불법 중에는 지명염불(持名念佛) 외에 실상염(實相念)과 관상염(觀相念)의 각 방법이 있다.

실상염(實相念)은 제일의심(第一義心)에 들어가서 불법신(佛法身)의 실상을 관하는 것이니, 이것으로 얻은 삼매는 진여삼매(眞如三昧)이며, 또한 일행삼매(一行三昧)라고도 한다. 이 법문은 본래 선(禪)에 속하는 것이지만, 다만 선심(禪心)으로 나타난 경계가 바로 정토이므로 역시 정토법에 포함시킬 수 있는 것이다. 이 법은 상상근기(上上根器)가 아니면 능히 오입(悟入)하지 못하므로 중·하의 두 근기에는 적합하지 않다. 그러므로 정토법에서는 이 법을 제창하는 이가 드물고 선문에서 제창하는데 맡긴다.

관상염(觀相念)은《관무량수경》에서 말한 아미타불 극락국토의 의정장엄(依正莊嚴)을 관조(觀照)하는 16종의 관법(觀法)을 말한다. 이 관행(觀行)이 만약 순숙하면 눈을 감거나 뜨거나 극락 아닌 곳이 없어서, 그대로 사바세계를 변하여 정토를 만들며, 죽을 때를 기다리지 않고 그 자리에서 몸이 극락국에 노닐게 되는 것이니, 공효(功效)의 크기로 말하면 무엇으로도 가히 비교할 수 없다. 이것으로 얻은 삼매가 반주삼매(般舟三昧)이며, 또한 불입삼매(佛立三昧)라고도 한다. 다만 관법(觀法)이 미세하고 깊어서 5종의 이루기 어려운 점이 있다.

첫째, 근기가 둔하면 이루기 어렵다.

둘째, 마음이 거친 자는 이루기 어렵다.

셋째, 선교방편(善巧方便)이 없으면 이루기 어렵다.

넷째, 인식(認識)이 깊지 않으면 이루기 어렵다.

다섯째, 정진력(精進力)이 미치지 않으면 이루기 어렵다.

요약하면, 근기가 예리하거나 믿음이 세밀하거나 총명해야 하는 외에, 다시 인상이 깊거나 정신이 강성해야 하니, 이런 자는 만에 하나도 얻기 어려운 실정이다. 그러므로 널리 보급되지 못했으며 행하기 어려운 법문인 것이다.

다음 지명염(持名念)은 위에서 말한 이종염법(二種念法)에 비하여 대단히 얻기가 용이하여, 상중하근(上中下根)을 막론하고 다만 능히 염할 수만 있으면 성공하지 못할 이가 없으며, 염이 일심불란하게만 되면 곧 삼매를 얻게 된다. 이렇게 하여 얻은 삼매가 염불삼매(念佛三昧)이다.

지명염불법(持名念佛法)은 이천년이 지나도록 불문대덕(佛門大德)이 끊임없이 제창하고 실행한 결과, 가장 보편하여 깊이 민간에까지

파고 든 불법이 되었다.

　이렇게 닦으면 반드시 성취하며, 삼근을 널리 이익 되게 하며, 영리하거나 둔한 이를 모두 거두어 주는 까닭에, 그 도탈(度脫)한 인수(人數)를 두고 말하면 각종(各宗)이 능히 그 목덜미에도 미치지 못한다. 불법이 전한 이래 10분의 7~8 이상은 득도 했으니 말이다. 그러므로 만약 도탈(度脫)한 수량 한 가지만을 가지고 계산한다면 각종(各宗)은 아무 말도 하지 못하고 얼굴을 돌리고 말 것이다. 그러나 사실은 이 법문이 함유하고 있는 넓고 깊은 도리는 각종(各宗)에 비교하여 절대 손색이 없을 뿐만 아니라, 각종(各宗)이 소유하고 있는 정수(精髓)마저 포함하지 않음이 없으니, 실로 각종(各宗), 대성(大成)의 왕연(汪然)한 기상을 모두 적집하였다 할 것이다.

　이런 까닭에 효과로 말하거나 학리(學理)로 말하거나 쉽고 어려움을 가지고 논하더라도 확실히 모두 탁연(卓然)히 독보하여 다른 것에는 비견할 것이 없을 것이요, 동시에 세인이 염불법문을 경시하여 우부우부(愚夫愚婦)들이나 닦을 것이라 하는 자는, 자신이 바로 우부우부(愚夫愚婦)여서 염불법문 속에 함유하고 있는 원리를 털 끝 만큼도 아는 것이 없는 줄을 알아야 할 것이다. 만약 저가 참으로 알고 있었다면 정토의 이 방편법문에 대하여 당연히 옷을 걷고 오체투지 하여야 할 것이다.

2. 각종 지명(持名) 방법

소위 염불이라 하거나 명호를 집지(執持)한다는 것은, '나무아미타불'이라 하거나 혹은 '아미타불'하고 염하는 것을 두고 말한다. 이 여섯 자는 인도의 글을 음역(音譯)한 것이다.

만약 의역(意譯)한다면 '나무(南無)'는 경례(敬禮)나 혹은 귀의(歸依)요, '아(阿)'는 무(無)요, '미타(彌陀)'는 양(量)이요. '불(佛)'은 각자(覺者)로서, 이 여섯 자를 합하면 무량각자(無量覺者)에게 경례한다는 뜻이다. 이 아미타불께서는 극락국의 교주로서, 일찍이 원을 세우시되 "누구든 나의 이름을 염하면 이 사람의 명이 다할 때에 금방 와서 접인(接引)하여 나의 국토에 왕생케 하리라." 하였으니, 이것이 후인(後人)이 부처님의 명호(名號)를 칭념하게 된 근거이다.

《미타경》에 말하기를 "저 부처님의 수명과 그의 백성이 무량무변(無量無邊)하며 아승지겁(阿僧祇劫)이므로 아미타(阿彌陀)라 한다." 하였다. 그러므로 어떤 이가 저를 '무량수불(無量壽佛)'이라 일컫거나, 불호(佛號)를 염할 때 '나무무량수불(南無無量壽佛)'이라 하여도 무방할 것이다. 다만 '무량수(無量壽)'라고 할 경우에는 '무량' 두 자가 겨우 수명에만 한정된 것이므로 그 범위나 뜻이 한정되고 제약을 당하게 된다. 그러므로 '나무아미타불' 하고 부르는 것만은 못하다. 왜냐하면 이 부처님께서는 수명이 무량한 외에 광명과 존엄과 자비(慈悲), 공덕(功德), 신통(神通), 지혜(智慧) 등이 모두 무량하시므로 절대 겨우 어느 한 항목만을 지적하고 다른 항목은 말살할 수 없기 때문이다. 이런 까닭에 '무량수(無量壽)'라고 부르는 것이 '아미타'라고 부르는 것만 못하다.

염불할 때의 환경이나 심경, 혹은 염불하는 사람의 근기에 따라서 그 적절한 염불하는 방법이 갖가지로 다를 수 밖에 없으므로, 매 방법마다 모두 나름대로의 작용과 특징이 있으니, 행인(行人)이 염불할 때 아래에 열거한 적합한 방법을 스스로 잘 선택하여 실행하는 것이 좋을 것이다.

만약 어떤 방법으로 염불할 때 이것으로는 그 당시의 심경을 진정시킬 수 없다고 생각되면 다른 방법으로 바꾸어도 무방하며, 한번 바꾸고, 다시 바꾸고 수십 번 바꾸어도 해로울 것은 없다. 다만 이 상황에서 능히 마음을 안정시키고 망념(妄念)을 제거할 수 있는 것이 이 상황의 가장 좋은 방법인 것이다. 비유하자면 병을 치료하는 데는 병을 치료하기에 좋은 것이 곧 양약(良藥)인 것과 같은 것이니, 중생의 망념이 병이요. 부처님의 명호가 약이요, 염불하는 것이 바로 묘약인 것이다.

지명법(持名法)은 원래 '정토수행의 방법'장에서 다룰 내용이었으나, 중요한 문제이므로 특별히 '각종염법(各種念法)'으로 나누어 아래에서 자세히 설명하려 한다.

가. 고성념(高聲念)

염불할 때 큰 소리로 전신의 힘을 다하여 '나무아미타불' 하고 부처님의 명호를 부르는 것이다. 이 방법은 기운을 소모하고 목을 쉬게 하므로 오래 지속할 수는 없다. 다만 혼침(昏沈)과 게으름을 대치하여 계속 일어나는 잡념을 제거하기에 좋은 방법이다. 행자(行者)가 염불할 때 혼혼하여 잠이 오려 하거나 생각이 흐리멍텅하면 용맹스럽게 정신을 차려 큰 소리로 또렷또렷하게 염하면 금방 머리가 개운하고 정념(正念)이 회복되어 전과 같이 무궁한 활력과 강력한 작용이 솟아나는 것을 느낄 것이며, 아울러 곁에서 이 소리를 듣는 자로 하여금 염불하는 마음을 일으키게 할 것이다.

옛날 영명(永明)선사가 항주 남병산(南屛山)에서 염불할 때, 산 아래 길 가는 사람이 그 소리가 천악(天樂)이 허공에서 울리는 듯 분명하고 크게 들려오는 것을 들을 수 있었다 하니, 바로 이 염불 방법을 쓴 것이다.

나. 묵념(黙念)

염불할 때 겉으로 보기에는 입술만 움직일 뿐, 소리는 내지 않으나 '나무아미타불' 하고 염하는 것은 행자의 심식(心識) 중에서 분명하고 또렷또렷하므로 마음이 다른 곳으로 달아나지 않고 정념(正念)이 한 덩이를 이루게 된다. 그러므로 그 효과는 소리를 내는 것에 비하여 부족함이 없다. 이 방법은 누워있을 때나 목욕할 때나 병이 들었을 때나 변소갈 때 등에 적합하며, 그 외 소리를 내기에 불편한 상황이나 공공 장소에서 적합하다 하겠다.

다. 금강념(金剛念)

염불할 때 음성이 크지도 작지도 않고 중간으로 하되, 한편 염하면서 한편 그 소리를 자신의 귀로 듣는다. 넉 자 '아미타불'이나 여섯 자 '나무아미타불'을 막론하고 한 자 한 자를 분명히 염하고 들으면, 생각이 다른 곳으로 달아나지 않고 자연히 마음이 안정된다. 이 염법은 매우 효력이 크므로 금강(金剛)에 비유한 것이다. 금은 긴밀함을 비유하였으니, 긴밀하면 외경에 빠져들지 않을 것이요, 강은 견고함을 비유하였으니, 견고하면 잡념이 능히 파괴하지 못하는 것이다. 각종 염불방법 중에서 이것이 가장 널리 쓰이고 있다.

라. 각조념(覺照念)

염불할 때 한편 부처님의 명호를 부르면서 한편으로는 자성을 회광반조(廻光返照)하는 방법이다. 이렇게 하면 나의 마음과 불심(佛心), 나의 몸과 불신(佛身)이 한 덩이가 되어 환하고 또렷또렷히 시방에 꽉 차며, 모든 산하대지의 방사(房舍)나 기구(器具)가 일시에 소재(所在)를 잃어버리며, 내지 자기의 사대색신(四大色身)도 어느 곳에 있는지 알지 못한다. 이와 같이 되면 보신(報身)이 죽기 전에 이미 적광(寂光)을 증득하며 불호(佛號)를 처음 부를 때 곧 삼매에 들어가서 범부의 몸으로 부처님의 경계에 참여할 수 있으니, 이보다 빠른 법은 없을 것이다. 애석한 것은 상상근인(上上根人)이 아니면 능히 깨닫고 실행할 수 없으므로 제도할 수 있는 근기가 비교적 좁은 것이 흠이라 할 것이다.

마. 관상념(觀想念)

염불할 때 한편으로는 부처님의 명호를 부르면서 한편으로 부처님의 존엄한 신상이 분명히 나의 앞에 서 계시면서, 손으로 나의 머리를 어루만지시기도 하고 혹은 옷으로 나의 몸을 덮어주시는 것을 관상하는 방법이다. 또한 관음·세지가 부처님 곁에 서 계시면서 모든 현성(賢聖)이 나를 위요(圍繞요)함을 관상하며, 혹은 극락국의 금지(金池)와 보지(寶池), 화개(花開), 조명(鳥鳴), 보수(寶樹), 나망(羅網) 등이 빛나고 화려한 것을 관상한다. 만약 관상이 깊어지면 몸이 그대로 극락국에 노닐 것이요, 설사 깊지 못하더라도 염불의 조연(助緣)이 되어 정업(淨業)을 성취하기에 손쉬울 것이다. 만약 오래오래 관하고 성숙하게 하여 평소에도 심목(心目) 중에 또렷이 있어서 하루아침에 보체(補體)가 죽더라도 차방(此方)의 진연(塵緣)에 끌리지 아니하면, 극락국의 승경(勝境)이 일제히 앞에 나타날 것이다.

바. 추정념(追頂念)

염불할 때 위의 금강념과 같은 방법을 쓰되, 다만 글자와 글자 사이와 글구와 글구 사이를 연속하여 지극히 긴밀하게 하여, 한 글자가 한 글자를 뒤쫓으며 한 글구가 한 글구를 이어서 중간에 조그마한 틈도 없이 함으로 추정념이라 말한다. 이렇게 앞을 뒤쫓아 서로 긴밀하게 하여 조그마한 틈도 두지 않기 때문에 잡념이 들어올 틈이 없는 것이다. 이 법으로 염불할 때는 정신이 긴장하고 마음과 입이 항진(亢進)하여 정념의 위력이 다른 것보다 초과 하므로 무명심상(無明心想)으로 하여금 잠깐 사이에 고요한 경지에 들어가게 하는 것이다. 이 염법은 효력이 지대하므로 정업행인(淨業行人)이 흔히 이 방법을 채용한다.

사. 예배념(禮拜念)

염불할 때 한편으로 염불하면서 한편으로 절을 하는 방법이다. 다만 일구를 염하고 한번 절하거나, 자구는 상관하지 않고 염하면서 절하고, 절하면서 염하여 염과 절을 병행하여 몸과 입을 합하게 하며, 게다가 마음속에 부처님을 생각하면 삼업(三業)이 집중하고 육근(六根)이 모두 섭수하게 된다. 이 방법은 우리 몸에서 능히 작용이 발생하는 기관(器管)을 모두 염불하는데 쏟아 넣어 염불 이외의 일이나 염불 이외의 생각은 조금도 용납치 않는 방법이다. 그렇기 때문에 이 방법은 특별한 정진이므로 효력도 특별히 크다. 다만 절을 오래하면 몸도 피로하고 숨도 차므로 다른 방법과 겸용하는 것이 좋을 것이요. 이 방법만을 전용하는 것은 무리일 듯하다.

아. 기십념(記十念)

염불할 때 염주로써 수를 헤아리되, 열 번 불호(佛號)를 염하고 한 알의 염주를 넘기는 방법이다. 이와 같이 마음속으로 염불을 하면서 수를 기억해야 하므로 전념하려 하지 않아도 저절로 전념해지는 것이요, 만약 전념하지 않을 때는 수목(數目)이 착란해지고 마는 것이다. 그러므로 이 방법은 억지로 전념하게 하는 방편이므로 잡념을 퇴치하는 데에 지극한 공효(功效)가 있다.

자. 십구기념(十口氣念)

염불할 때 다만 추정법(追頂法)을 써서 염하되, 한 번 숨을 들이마셔서 내뿜을 때까지 계속 염불하는 것을 일구념(一口念)이라 하고, 이와 같이 열 번 하는 것을 십구기(十口氣)라 한다. 이 방법은 염불할 여가가 없이 매우 바쁜 사람을 위하여 특별히 시설한 방편법으로, 십구기를 마칠 때까지는 대략 5분 남짓 소요된다. 이렇게 매일 한 번씩만 십구기를 하여도 능히 극락국에 왕생할 수 있으니, 비록 매우 바쁜 사람일지라도 능히 이렇게는 할 수 있을 것이다.

이것은 미타 제 18원에 "시방 중생이 나의 나라에 태어나고자 하면서 십념(十念)만 하고서도 만약 왕생치 못하면 정각을 이루지않겠나이다."한 원문(願文)을 근거하여 시설한 것이다. 고인의 연구 결과에 의하면 소위 십념이란 곧 십구기를 두고 말하는 것이라 하였다. 이를 보면 부처님의 원력이 매우 광대하며 정토법이 또한 매우 진실한 것임을 알 수 있을 것이니, 그러므로 비록 십념만 하더라도 임종에 부처님이 와서 반드시 영접하는 것이다.

차. 정과념(定課念)

염불하는 데 있어서 가장 걱정스러운 것은, 처음은 부지런히 시작했다가 나중에 가서는 나태하여 항심(恒心)이 없는 것이다. 그래서 고금의 행인이 염불 할 때에 하루에 일정한 양을 정해놓고 어김 없이 실행함으로 해서 도심이 물러가지 않게 하는 방법이다.

불호(佛號)의 양에는 구애됨이 없이 고인들은 매일 십만념 혹은 칠만, 오만 등을 정해놓고 항상 이를 실천하였으니, 그 정진력을 알 수 있겠다. 다시 말하면 이 방법은 환경과 자신의 역량을 참작하여 일정한 양을 정하되, 한번 정한 후에는 어떤 바쁜 일을 막론하고 기필코 정한 수를 채워야할 것이요, 부득이 그렇게 하지 못했을 경우에는 다음 날 반드시 부족한 양을 채워서 염불하는 습관을 길러야 한다.

만약 처음 시작할 때는 용기백배하여 너무 많은 양을 정했다가 뒤에 가서는 감당치 못하면 이것도 좋지 않으며, 처음부터 너무 적게 정하면 나태하기 쉬우므로 이것도 옳지 않다. 그러므로 양을 결정할 때는 자세히 요량해야 할 것이다.

카. 사위의중개념(四威儀中皆念)

행자(行者)가 정종(淨種)이 순숙해지면 염불이 저절로 정진이 되어 양을 정하는 것으로 만족치 않고, 양을 정한 외에 낮이나 밤이나 상관없이 잠들기 전에는 거의 염하지 않는 때가 없는 것이다. 이것이 '사위의중개념'으로서, 이렇게 오래하여 습관이 되면 일구의 미타가 영원히 입에서 떠나지 않을 것이다.

이러한 예는 고인의 왕생전(往生傳)에서 흔히 볼 수 있다.

어떤 대장장이는 쇠를 두들기면서 염불을 끊이지 않았으며, 어떤 대장장이는 콩을 갈면서 염불을 잃지 않더니, 최후 염불소리가 끊어지면서 그대로 서서 죽었던 것이다. 이런 이야기는 모두 우리의 본보기가 될 것이다. 과연 이런 정도에까지 이를 수 있다면 양을 정하든 정하지 않든 그런 것은 별문제가 되지 않는다.

타. 염불념개념(念佛念皆念)

위에서 말한 사위의중개념은 구념(口念)을 가리킨 것이나, 여기서 말하는 염불념개념의 개념의 염자(念字)는 심념(心念)을 지적한 것이다. 곧 입으로 염하거나 입으로 염하지 않거나 관계없이 심중에서 늘 염불하고 있다는 것이다. 이 방법은 입으로 염불할 때에도 심중에서 염불하고 있으며, 입으로 염불하지 않을 때에도 심중에서 염불하는 것이니, 곧 지명(持名) 외에 관상(觀相)이나 관조(觀照)할 때에도 바로 지명 중에 있는 방법이다. 그러므로 단지 구념할 때만 관상하는 것과는 같지 않다. 행자가 만약 이러한 경지에 이를 수 있으면, 어느 때 어느 경우와, 입으로 염하든 염하지 않든 관계없이 심중에서 늘 부처님을 생각하여, 정념이 견고하기가 철벽과 같아서 바람이 불어도 들어올 틈이 없고, 차 넘어뜨리려 하여도 파괴되지 않아서 조그마한 세념(細念)이나 잡념(雜念)도 없을 것이다. 이때는 염불삼매가 이루려 하지 않아도 저절로 이루어져서 저 국토에 태어나는 것은 마치 보증서를 받아둔 듯하리라.

고인이 말하기를 '염하되 염하지 않으며, 염하지 않으면서 염한다.' 한 것이 바로 이러한 경계이다. 만약 염불한 지가 오래되고 공

행이 순숙하지 않으면 절대 이런 경지에 이를 수 없을 것이니, 그러
므로 초학자가 능히 행할 수 있는 법은 아니다.

五. 극락국토에 왕생하려는 원(願)을 세워라

1. 발원의 중요성

우익대사는, "왕생하고 왕생하지 못하고는 순전히 신[信: 믿음]과 원[願: 바람]이 있고 없는데 관계되며, 품위(品位)의 높고 낮음은 염불하는 정성이 깊고 얕은데 기인한다." 하였다.

그러나 행자에게는 극락국의 품위가 문제가 아니라 왕생할 수 있느냐 없느냐 하는 것이 문제라고 할 수 있다. 왜냐하면, 신과 원이 있으면 염불은 하지 않을래야 않을 수 없고, 염불이 일심불란에 이르면 왕생은 하지 않을래야 않을 수 없기 때문이다.

신과 원과 행이 정토의 세 가지 자량인 것은 위에서 말한 적이 있는데, 이 자량이 구족하지 않으면 절대 왕생하지 못한다. 그러므로 발원은 정토법에 있어서 매우 중요한 위치를 차지하고 있다.

아미타불이 옛적에 48대원을 발함으로써 극락국의 연기(緣起)가되었고 그 후로 시방중생들도 왕생을 발원함으로써 정행(淨行)의 근거가 되었으니, 부처님께서는 접인(接引)하기를 원하셨고 중생은 왕생하기를 원하여 이 두 가지 원이 완전해야만 나 자신과 부처님 두 가지 힘이 비로소 완비하게 된다. 그러므로 정업을 닦는 자는 반드시 왕

아미타불 48대원

생원(往生願)을 발해야하는 것이다.

미타의 48대원 중 제19원에서 분명히 말씀하시기를, "만약 어떤 사람이 지극한 마음으로 발원하여 나의 국토에 왕생하고자 하는 이는, 수명이 다하면 내가 반드시 와서 접인하리라."하였으니, 원이 있으면 반드시 왕생할 수 있다.

또한 《아미타경》에서 부처님이 사리불에게 말씀하시기를, "만약 어떤 사람이 이미 발원한 적이 있거나 지금 발원하거나 당래(當來)에 발원하여 아미타불의 국토에 태어나고자 하는 사람은 모두 아뇩다라삼먁삼보리에서 퇴전(退轉)치 아니하여, 저 국토에 이미 태어났거나 지금 태어나고 있거나 당래에 태어나리라." 하셨으니, 이 말씀은 금생에 발원하면 금생에 반드시 왕생하리라는 뜻이다.

《화엄경》에도, "사람이 목숨을 마치는 최후 찰나에 모든 감각기관이 무너지고 모든 권속도 떠나가며 모든 권세도 물러가지만, 오직 이 원왕(願王)만은 떠나지 아니하여 언제나 이 사람을 인도하여 일찰나 중에 극락세계에 왕생케 한다." 하셨으니, 이것으로 발원의 중요성을 엿 볼 수 있다.

이렇게 보면, 극락세계에 왕생하기를 발원하는 것은 정토행자가 반드시 실행해야 할 하나의 매우 중요한 사실인 만큼, 이를 소홀히 하여 큰 이익을 잃지 말라.

고금의 행자들은 누구나 극락에 왕생하기를 발원하였으므로, 동시에 발원한 글도 매우 많다. 그 중에서 자구(字句)는 여러 가지 자세한 것도 있고 간단한 것도 있지만, 그 내용을 보면, "원컨대 이 세상에서 목숨이 다한 후에 극락세계에 왕생하여 지이다." 하는 것에 불과하다.

그 가운데 연지대사와 자운참주의 발원문과 대자보살의 발원게(發願揭) 등이 가장 자세하고 훌륭하다. 너무 번거롭지도 않고 너무 간단하지도 않는 것을 든다면 자운참주의 발원문이 가장 적합한 듯하다. 여기서는 앞 사람의 발원문 몇 편과 발원의식을 아래에 초록(抄錄)하였으니 참고하기 바란다.

행자가 발원할 때 부처님 앞에서 지극한 마음으로 전체 내용을 생각하면 이미 발원한 것으로 간주되어 목숨이 다할 때 반드시 부처님의 접인을 입어 극락국토에 왕생할 것이다.

스스로 원문(願文)을 지어도 상관없지만, 다만 "나의 지금 이 염불 인연으로 저 정토에 왕생하기를 바라나니, 원컨대 이 목숨이 다할 때 부처님께서 와서 접인하셔서 극락세계에 왕생케 하옵소서." 하는 내용은 분명히 들어 있어야 한다.

아미타불 48대원

왜 이렇게 미리 발원해 두어야 하는가 하면, 정토를 닦는 사람이 공부가 아직 익지 못했으면 죽음에 다달아 병이 위중하여 정신이 혼미한 상태에 빠질 수도 있고, 권속과 애정을 버리지 못한 까닭에 분별 없는 미련에 빠질 수도 있기 때문이다.

또한 버리고 가는 전답이나 재산을 잊지 못하여 비통에 빠질 수도 있고, 분한 마음과 원망을 쉬지 못하여 어리석은 원한에 빠질 수도 있으며, 그 밖에 뜻하지 않은 죽음을 당하면 임종할 때 극도로 고통스러워 절대로 염불할 수가 없고, 혹은 시간이 급박하여 미처 염불할 겨를이 없을 경우에 만약 부처님이 그 사람 앞에 나타나지 않으면 정념(正念)이 일어나지 않을 뿐만 아니라 고통과 원망으로 인하여 삼악도에 떨어지고 말 것이다. 이러한 이유로 반드시 미리 부처님께서 와서 접인해 주시기를 청해 두어야만 비로소 안심할 수 있다.

발원할 때는 절에 가서 향을 피우고 절한 후에 불전(佛前)에 꿇어앉아 발원하거나 그러지 못할 경우에는 각자 집의 불상 앞에서 행하여도 무방하다. 불상을 모시지 못했을 경우에는 '나무시방삼세불보살(南無十方三世佛菩薩)'이라고 써서 벽에 붙여놓고, 이를 대하여 향을 피우고 발원하여도 무방하다. 그러나 반드시 귀신 앞에서는 하지 말라.

2. 고인(古人)의 발원문과 발원의식

가. 고인의 발원문

1) 연지대사(蓮池大師) 발원문

극락세계에 계시옵서 중생을 이끌어 주시는 아미타불께 귀의하옵고, 그 세계에 가서 나기를 발원하옵나니, 자비하신 원력으로 굽어살펴 주시옵소서.

저희들이 네 가지 은혜 끼친 이와 삼계 중생들을 위하와 부처님의 위없는 도를 이룩하려는 정성으로 아미타불의 거룩하신 명호를 일컫삽고 극락세계에 가서 나기를 원하나이다.

업장은 두텁고 복과 지혜 엷사와 더러운 마음 물들기 쉽삽고 깨끗한 공덕 이루기 어렵삽기, 이제 부처님 앞에서 지극한 정성으로 예배하고 참회하나이다.

저희들이 끝없는 옛적부터 오늘에 이르도록 몸으로 입으로, 또 마음으로 한량없이 지은 죄와 한량없이 맺은 원수 모두 녹여 버리옵고, 오늘부터 서원 세워 나쁜 짓 멀리하여 다시 짓지 아니하고, 보살도 항상 닦아 물러나지 아니하여 정각(正覺)을 이루어서 중생을 제도하려 하옵나니, 아미타 부처님이시여! 대자대비(大慈大悲)

하신 원력(願力)으로 나를 증명하시며, 나를 어여삐 여기시며, 나를 가피하시사 삼매에서나 꿈속에서나 아미타불의 거룩하신 상호를 뵈옵고, 아미타불이 장엄하신 국토에 다니면서 아미타불의 감로로 뿌려주시고, 광명으로 비춰주시고, 손으로 만져주시고, 옷으로 덮어주심 입사와 업장은 소멸되고, 선근(善根)은 자라나고, 번뇌는 없어지고, 무명(無明)은 깨어져서 원각(圓覺)의 묘한 마음 뚜렷하게 열리옵고 상적광토(常寂光土)가 항상 앞에 나타나 지이다.

또 이 목숨 마치올 제, 갈 시간 미리 알아 여러 가지 병고액난(病苦厄難)이 몸에 없어지고, 탐진치(貪瞋癡) 온갖 번뇌, 마음에 씻은 듯이 육근(六根)이 화락(和樂)하고, 한 생각 분명하여 이 몸을 버리옵기 정(定)에 들 듯 하옵거든, 그때에 아미타불께서 관음, 세지 두 보살과 모든 성중(聖衆) 데리시고 광명 놓아 맞으시며 손들어 이끄시사, 높고 넓은 누각들과 아름다운 깃발들과 맑은 향기 고운 풍류 거룩하온 극락세계 눈앞에 분명커든, 보는 이 듣는 이들 기쁘고 감격하여 위없는 보리마음 다같이 발하올 제, 이내 몸 고이고이 금강대에 올라 앉아 부처님 뒤를 따라 극락정토 나아가서 칠보로 된 연꽃 속에 상품상생 하온 뒤에, 불보살 뵈옵거든 미묘한 법문 듣고 무생법인(無生法忍) 깨치오며 제불(諸佛)을 섬기옵고 수기를 친히 받아 삼신사지(三身四智)와 오안육통(五眼六通)과 백천 다라니와 온갖 공덕을 원만하게 이루어지이다.

그리한 후 극락세계를 떠나지 아니하고 사바세계에 다시 돌아와 한량없는 분신으로 시방 국토 다니면서 여러 가지 신통력과 여러 가지 방편으로 무량중생 제도하여 탐진 삼독(三毒) 여의옵고 깨끗한 참 맘으로 극락세계 함께 가서 물러나지 않는 자리에 오르게 하려 하오니, 세계가 끝이 없고 중생이 끝이 없고 번뇌 업장이 모두 끝이 없사올새 이 내 서원도 끝이 없나이다.

저희들이 지금 예배하고 발원하여 닦아 지닌 공덕을 온갖 중생에게 베풀어 주시어 네 가지 은혜 골고루 갚사옵고 삼계 유정들 모두 제도하여 다 같이 일체종지(一切種智)를 이루어지이다.

- 운허스님 번역문을 인용함

2) 자운참주(慈雲懺主) 발원문

일심으로 극락세계의 아미타불게 귀의하나니, 원컨대 청정한 광명으로 저를 비춰주시고 자비한 서원으로 저를 섭수하소서, 제가 지금 정념(正念)으로 여래 명호를 부르며 보리도를 위하여 정토에 태어나기 원하나이다.

부처님의 옛적 본서(本誓)에, "만약 어떤 중생이 나의 국토에 왕생코자 하여 지극한 마음으로 믿고 즐거워하며, 하다못해 십념(十念)만으로도 왕생하지 못하면 정각을 이루지 않겠나이다." 하였으니, 이 염불인연으로 여래의 큰 서원의 바다 속에 들어가서 부처님

아미타불 48대원

자비의 힘을 받아 여러 가지 죄악 소멸하고 선근은 자라나서, 이 목숨 마치려할 때 스스로 때가 된 줄 알아 몸에는 병이 없고 마음에는 탐하고 연연함이 없으며 뜻은 전도되지 않아 마치 선정에 든 듯 하여지이다.

부처님과 보살이 손에 금대를 들고 오셔서 나를 맞이하시면 잠깐 사이에 극락국에 태어나 꽃이 벌어지면 부처님을 뵙고는 곧 불승(佛乘) 설하시는 것을 듣고 금방 부처님 지혜가 열려 중생을 널리 제도하여 보리원(菩提願)을 만족해지이다.

> 시방삼세일체불
> 일체보살마하살
> 마하반야바라밀

3) 대자(大慈)보살 발원문
시방삼세 부처님 중에 아미타가 제일이시니, 구품으로 중생을 제도하시어 그 위덕 끝이 없나이다.

제가 이제 깊이 귀의 하옵고 삼업의 죄악 참회 하옵나니, 무릇 제가 지은 복과 선행 지심(至心)으로 회향하여 원컨대 염불인과 함께 감응이 때에 따라 나타나며, 임종에 서방의 경계 분명히 눈앞에 있어, 보고 듣는 이 모두 정진하여 함께 극락국에 왕생하여 부처님을 뵈옵고 생사를 깨달아 부처님과 같이 일체 중생을 제도하여 모두 불도를 이루어지이다. 허공은 끝이 있을망정 저의 발원은 끝이 없나이다.

4) 간단한 우리말 발원문

나무아미타불! 제가 이제 발원하옵나이다. 제가 죽은 후에 극락세계에 왕생하기를 원하옵나니, 부처님께서 그때 오셔서 저를 맞이해주소서.

나. 발원시의 의식

부처님의 명호를 부르되, 양에는 구애될 것이 없다. 많을수록 좋다.

1) 나무 시방삼세불보살(3회), 절(3번)
2) 나무 시아본사 석가모니불(3회), 절(3번)
3) 나무 서방극락세계 대자대비 접인도사
   아미타불(3회), 절(3번)
4) 나무관세음보살(3회), 절(3번)
5) 나무대세지보살(3회), 절(3번)
6) 나무청정대해중보살(3회), 절(3번)
7) 발원문을 읽는다.

아미타불 48대원

"(   )년 (   )월 (   )일, 대한민국 (   )시(군) (주소) 거주 (   )생 (   ) (이름)이 지금 발원하옵나니, 원컨대 저의 목숨이 다할 때 아미타불의 접인 입사와 극락세계에 왕생하여 지이다."

하고 축원한다.

이것은 발원하기 전에 위의 여러 제불보살께 먼저 예배하고 증명해 주시기를 간청한 것이니, 그런 후에 발원하면 증명하심도 구족하게 된다.

발원한 후에 다시 생년월일과 발원하는 사람의 성명과 발원하는 곳을 밝힌다. 이렇게 한 후에는 발원한 일이 확고하게 되어 도저히 없어지지 않으니, 죽은 후에 왕생하는 것은 의심할 나위가 없다.

이렇게 하면 자신은 마음속에서 깊이 확신할 뿐만 아니라, 석가와 미타와 그밖에 제불보살께서는 그 책임을 지지 않을 수 없다.

(중략)

六. 나머지 이야기

1. 불국토에 태어나지 않으면 반드시 악도에 떨어진다.

시방세계를 크게 나누면 두 분야가 있으니, 하나는 불국(佛國)이요 하나는 삼계(三界)다. 불국에 태어나는 이는 이미 분단생사(分段生死: 분한分限과 형단形段으로 수명과 과보에 장단이 있는 범부의 생사)를 벗어났으나 삼계에 태어나면 분단생사(分段生死)를 벗어나지 못한다.

세상 사람들이 만약 오계(五戒)나 십선(十善)만을 닦고 염불하지 않으면 부처님과 인연을 맺지 못하며, 그로 인하여 팔식전(八識田)중의 출세간(出世間) 무루종자(無漏鐘子)가 일어날 원인이 없기 때문에, 흔히 천도(天道)에는 태어날 수 있으나 불국(佛國)에는 태어나지 못한다.

다만 천상계의 수명은 등급과 한계가 있기 때문에 마침내 복이 다하고 과보가 마칠 때가 있으며, 그때가 바로 한 번 생사를 거치는 때이며, 또한 하늘에 태어난 선성(善性)의 종자도 없어지게 되는 것이다.

그 후 다시 성숙한 종자가 만약 상품 십선에 속하면 하늘에 태어나게 되고, 중품 십선이면 인간에 태어나며, 하품 십선이면 아수라에 태어나게 된다. 또한 상품 십악이면 지옥에 태어나고, 중품 십악이면 아귀에 태어나며, 하품 십악이면 축생 중에 태어난다.

아미타불 48대원

왜냐하면 이 육도의 종자는 어느 것이나 윤회하는 성질을 가지고 있어서 서로서로 성숙하게 하기 때문에 육도는 반드시 두루 거칠 수밖에 없는 것이다.

다만 일체중생의 사상과 행위가 신견(身見: 오온五蘊이 거짓으로 화합한 이 몸뚱이를 상일주재常一主宰한 '나'라고 망령되이 집착하며, 또한 아我에 따른 기구와 권속을 나의 소유라고 생각하는 견해)과 아집(我執: 아我가 존재한다고 집착하는 것)으로부터 출발하여 악은 많고 선은 적었으므로 삼악도에 머무는 기간이 삼선도에 비하여 길고 오랠 수밖에 없다. 부처님이 말씀하시기를 "중생은 삼악도로써 고향인줄 안다." 하셨으니, 바로 이런 까닭이다.

이러한 이론을 근거로 생각해 보면, 일체 중생이 만약 불국에 태어나지 않으면 반드시 악도에 떨어질 것이요, 편안히 불국에 태어나려면 반드시 '염불'을 해야 한다는 것을 알 수 있을 것이다. 이러한 이치는 영원히 깨뜨릴 수 없는 진리이다.

2. 정토종(淨土宗)은 말법에 독보(獨步)할 것이다.

옛날에는 비록 부처님께서 열반에 들었으나 정법(正法)이 아직까지 융성하여 중생의 업장이 가볍고 복은 두터웠으므로 어떤 법을 닦든 모두 성취할 수 있었지만, 상법(像法: 정법시대와 비슷한 시기라는 뜻. 부처님이 입멸한 후 1천 년 동안을 말함)시대로 내려와서는 성인의 때와 점점 멀어지고 인심도 점점 전과 같지 못하였으며 생각들도 점점 혼란해져서 열 사람이 수행하면 한 사람도 도를 얻는 이가 드물다.

다시 요즘 같은 말법(末法)에 이르러서는 풍속이 더욱 각박하여 그 극점에 달했으니, 진정으로 수도(修道)하려는 사람도 보기 드문 형편에 더욱 깨달음을 이야기하랴! 말법시대에는 인심이 더욱 변질되고 사상도 더욱 복잡해졌으므로 번잡하면서 전혀 자신의 힘만을 의지해야하는 여타의 법문으로는 능히 성취할 수 없다.

그러므로 말법시대에 법운(法運)을 지탱할 수 있는 것은, 간단하면서도 자신과 부처님, 두 가지 힘을 갖춘 '염불(念佛)'이라는 하나의 문이 있을 뿐이다.

《대집경(大集經)》에서 말씀하시기를, "말법시대에는 수억 인이 수행하더라도 한 사람도 도를 얻는 이가 드물 것이요, 오직 염불에 의지해야만 생사를 벗어날 수 있다." 하였으니, 각 종파가 쇠퇴한 후 법을 이끌어 중생을 구원할 법문은 오직 정토종 뿐이요, 선(禪)·교(敎)·율(律) 등 각 종파는 장차 조연이 될 뿐 단독으로는 효과를 낼 수 없게 될 것임을 알 수 있다.

《무량수경(無量壽經)》에서 세존이 설하시기를, "후세에 경전이 없어질 때를 대비하여 내가 자비애민(慈悲哀愍)한 마음으로 특히 이 경을 남겨 백 년을 더 머물게 하였으니, 어떤 중생이든 이 경을 만나는 자는 원하는 대로 모두 득도할 것이다." 하였으니, 말법도 이미 지나고 경전이 없어진 후에 여래께서 자비애민하사 특히 정토란 한 법으로 백 년을 연장하여 중생을 제도할 인연을 남겨두신 것을 알 수 있는 것이다.

여래와 같이 깊은 지혜를 갖추신 분이 어찌 다른 법을 남겨두시지 않고 유독 정토만을 남겨두신 것일까? 이로서 말법중생은 오직 정토법을 닦아야만 비로소 생사를 벗어날 수 있음을 알 수 있다. 이렇게 보면 정토법은 확실히 지금부터 이후에 가장 중생의 근기에 맞는 불법이어서 말법시대를 독보할 것이다.

3. 혹업(惑業)을 끊지 않아도 성인의 무리에 참예할 수 있다.

일체 중생이 생사에 떨어지는 것은 모두 무명혹업의 소치인데, 근본(根本)과 지말(枝末) 두 가지 무명(無明)이 삼계중생을 몰아서 육도(六道)를 두루 거쳐 갖가지 고통을 받게 하는 것이 유전문(流轉門)이요, 만약 보통의 수행법을 통하여 미혹을 끊고 겨우 진리를 깨달으며, 일부분 무명을 끊고 겨우 일부분 법신(法身)을 얻으면 이것을 환멸문

(還滅門)이라 한다.

수행인이 미혹을 끊기 시작할 때부터 마지막 진리를 증득할 때까지 거쳐야 하는 경로는 매우 정확하고 편차가 없어서 자력(自力)만을 의지하면 3아승지(阿僧祇) 겁을 지난 후에야 무상정각을 얻어 아라한 과에 오를 수 있으며, 삼계 120품의 견혹(見惑)과 81품의 사혹(思惑)을 끊어야 비로소 일을 마칠 수 있으니, 그 어려운 과정은 족히 짐작하고도 남음이 있을 것이다.

그러나 정토법을 닦을 경우에는 그렇지 않다. 생전에 무슨 행업(行業)을 지었건 상관없이 염하기만 하면 곧 왕생할 수 있고, 왕생하기만 하면 금방 불퇴전(不退轉)의 지위에 오를 수 있으니, 이것이야말로 무명혹업(無明惑業)을 끊지 않고도 성인의 무리에 참예할 수 있는 매우 편리한 법문인 것이다.

또한 왕생한 후에는 훌륭한 환경에 의지하여 자연스럽게 업장이 녹고 지혜가 밝아지며 공덕과 과덕이 원만해지는 것이, 마치 순풍에 돛을 달면 저절로 바다에 이를 수 있는 것과 같다. 이것이 타력(他力)을 빌리는 편리한 법문인 동시에 또한 정토법문의 특히 우월한 점이라 할 것이다.

이것은 우선 염불행자가 스스로 실행하고 체험할 일이므로 번거롭게 더 자세히 소개하지는 않겠다.

4. 다른 사람의 비웃음을 두려워하지 말라.

세상의 수많은 사람들이 불법(佛法)을 수학(修學)하려 하면서도 남에게 비웃음을 살까 두려워하거나 소극적이고 케케묵은 종교라 하거나 늙은이들이나 하는 미신적인 짓이라 할까 두려워하여 감히 공공연히 불법을 배우지 못하고 사람 없는 곳에서 몰래 닦곤 하는 것을 보게 된다. 염불하는 것도 마찬가지여서 남이 들을까하여 몰래하거나 소리를 낮추어 자기만 겨우 들릴 정도로 하는 것은 실로 편협한 소견이다.

불교는 물론 종교이며 동시에 세상에서 가장 높고 깊은 철학이다. 이 학문을 연구하고 다시 실천하면 실로 이치와 사실을 통섭하는 최고봉에 이를 수 있는 것이다. 이 이치에 따라서 연구하고 사실대로 실천하여 이(理)와 사(事)를 가지런히 하면 사람들에게 더없는 흡족함을 안겨줄 것이다. 다시 말하면 일상생활의 보잘것없는 일로부터 번뇌를 다하고 깨달음을 증득하는 깊은 이치에 이르기까지 포괄하지 않는 것이 없다.

이와 같이 미묘한 학문을 미신이라 하거나 소극적이고 케케묵은 것이라 한다면, 이것은 맹인이 명필을 평가하는 것이요 눈뜬 봉사라고 할 수밖에 없다. 사람들이 불법을 이해하고 있지 못하고 또한 마음을 비워 깊이 연구한 적도 없으면서, 단지 늙은이들이 염불하는 것만을 보고 염불은 보잘것없는 것이고 미신이라고 비평하는 자들이 있으니, 그들은 문외한인 탓이라 그다지 괴이쩍게 여길 일도 아니다.

우리들은 이미 불교도인 만큼 저들과 같은 소견을 가질 수는 없다. 늙은이들이 하는 짓이라 하여 미신이요 케케묵은 일이라 한다면, 대세지·문수·보현·마명·용수·세친 등의 대보살과, 뇌차종·백거이·문언박·왕일휴 등 대거사는 어찌하여 모두 염불을 하였는가? 이렇게 보면 염불법문은 실로 범부로부터 성현에 이르기까지 낫 놓고 기역자도 모르는 무식자로부터 다섯 수레의 책을 읽은 풍부한 문인에 이르기까지 누구나 수행할 수 있는 보문대법(普門大法)임을 알 수 있는 것이다.

이렇게 아래로 범부와 위로 성인에 이르며 팔교(八敎: 천태종에서 세운 부처님의 일대시교를 여덟 가지로 분류한 것)를 모자람 없이 섭수하는 정토종을 떳떳하게 사람들에게 알리지 못하고 도리어 남에게 웃음거리가 될까 두려워하겠는가? 만약 비웃는 자가 있다면 이들은 참으로 교의(敎義)를 알지 못하는 맹인에 불과하고 비웃음을 살까 두려워하는 자도 역시 교의를 깊이 이해하지 못하는 맹인이라고 할 수밖에 없다.

아미타불 48대원

불자가 부처님을 섬기되, 향을 사르거나 절을 하거나 경을 읽거나 참회하는 것은 물론이고 내지 부처님의 명호를 부르는 일거일동에 모두 깊고 미묘한 작용이 내재하고 있어서, 능히 무시(無始)의 혹업(惑業)을 깨뜨리고 출세종자(出世種子)를 심을 수 있음을 알아야 한다.

나는 감히 사람들에게 삼가 권하노니 불사를 행할 때 다른 사람에게 비웃음을 살까 두려워하지 말뿐만 아니라 다른 사람에게도 이 법문을 수지(受持)하기를 널리 권하여 금덩이를 돌멩이로 오인하여 이를 내팽개치고 영원히 가난뱅이를 면치 못하는 짓을 하지 말라.

5. 산란한 마음으로 염불하여도 역시 공효(功效)가 있다.

입으로 염불하면서 마음으로 부처님을 생각하는 것을 정심념(定心念)이라 하고, 입으로는 염불하면서 마음으로는 부처님을 생각하지 않고 다른 물건이나 일을 생각하는 것을 산심념(散心念), 곧 산란한 마음으로 하는 염불이라 한다. 산심념은 정심에 비하여 효과적인 면에서 차이가 크니 결코 옳은 방법이라고 말할 수 없는 것은 물론이다. 그러므로 역대 대덕들이 모두 사람들에게 정심염불(定心念佛)을 하도록 가르쳤고 산심은 인정하지 않았던 것이다.

그러나 바깥의 일거일동이 모두 내면의 팔식에서 흘러나오는 것으로, 만약 산심염을 전혀 효과가 없는 것이라고 말한다면 이때 입속에서 하는 여섯 자는 어디에서 나오는 것인가? 이 여섯 자를 부를 때, 첫째 그 근원이 안에서부터 밖으로 나온 것이요, 둘째 훈습력(薰習力)으로 인하여 밖에서부터 다시 안으로 들어가는 것이다. 이렇게 보면 전혀 공덕과 효과가 없다고 말할 수는 없고 단지 정심에 비하여 비교적 낮은데 불과하다. 이런 이유로 고덕들은 산심을 제창하지는 않았으나 그 이론과 공용마저 부인하지는 않았다.

그러므로 고인의 게송에,

아미타 한 구절 법 중에 왕이여!
잡념이 분분해도 아무런 장애가 되지 않네.
만 리에 뜬 구름이 해를 가려도
인간 도처에 광명이 없지 않네.

하였으니 매우 합당한 말씀이다. 8식[아뢰아 식]의 정종(淨種)이 성숙하므로 말미암아 6식을 훈습하여 정념을 발생케 하며, 다시 6식이 전5식(前五識)을 인도하여 현행(現行)을 일으키게 하는 것이다. 다시 말하면, 정념이 6식을 투과할 때 진습(塵習)이 깊어서 심파(心波)가 치성한 까닭으로 염념(染念)에 빼앗김을 당하여 비록 두꺼운 한계를 뚫고 나가자면 한계가 있고 여분이 있으나, 예컨대 구름이 해를 가리고 있을 때 비록 구름이 완전히 흩어져서 태양의 광명이 통째로 쏟아지는 것 보다는 못하더라도 인간 도처에 여분의 광명이 없지는 않는 것과 같다. 바로 이 여분의 광명이 곧 산란한 마음으로 하는 염불의 공덕과 효과인 것이다.

그러므로 우리들이 이따금 산란한 마음으로 염불하더라도 이때 잡념이든 무엇이든 상관없이 염불 소리를 끊이지 않고 앞뒤를 긴밀히 이어가기만 하면, 한 시간을 염불하면 자연히 어지럽게 날뛰던 말이 제 구유로 돌아가고 마음의 원숭이도 자신의 동굴로 돌아갈 것이며, 다시 한 시간을 염불하면 정념이 분명하고 불심(佛心)이 가슴에 남아 있어서 굳이 조련하고 섭수치 않아도 자연히 이익을 얻게 되는 것이다.

그러므로 우리들이 일상에서 염불한다는 그 자체만을 중요시할 뿐이지, 산란한 마음에 대하여 지나치게 염려할 것이 아님은 이러한 까닭에서다.

옛사람은 걷거나 머물거나 앉거나 눕는 일상생활 속에서 언제나 염불하였다. 그들이 만약 정심(定心)만을 일관했다면 길을 갈 때는 발을 헛디디거나 부딪칠 염려가 있었을 것이요, 옷을 꿰매거나 글을 쓸 때 등에도 역시 이룰 수 없었을 것이니, 이를 미루어 어느 때는 산란한 마음으로 염불하기도 했던 것을 알 수 있다.

내가 여기서 결코 산란한 마음으로 염불하는 것을 제창하려는 것은 아니다. 다만 정심염불만 할 수 있다면 더할 나위 없는 일이겠으나 산심염불도 또한 그만한 효과가 있다는 것을 말하려 한 것이다.

산심염불도 종자로부터 현행을 일으키고 현행으로부터 다시 8식을 훈습하니, 정심에 비해 훈습의 힘이 미약하다 하더라도 염불하지 않는 것에 비할 수 없는 것이 그 첫째 이유요, 산심도 긴밀히 염불한 후에는 자연히 정심으로 변하여 영원히 산심에만 머물지 않는다는 것이 그 두 번째 이유다. 이와 같은 두 가지 이유를 근거하여 산심염 불을 반대하지 않는 것이다.

6. '아'(阿) 자만 있으면 나머지 자도 구족하다.

행자가 '나무아미타불'을 염불할 때, 만약 마음이 산란하여 안정이 되지 않거든 제2장 제2절의 '기십염법(記十念法)'을 사용하여 염불 열 번을 부를 때마다 한 알의 염주를 돌려라. 그렇게 하면 한편으론 염불하랴 또 한편으론 숫자를 기억하랴 심력(心力)이 긴밀하여 다른 사물을 반연할 틈이 없다.

만약 이 열 번의 염불도 기억되지 않을 때는 단지 한 구절마다 '아' 자만을 뚜렷이 잡고 잊어버리지 말라. 그렇게 하면 나머지 글자는 저절로 그 가운데 갖추어져 있다. '아' 자를 부를 때 마음이 산란하면 나머지 글자도 이미 도망가 버린 상태다.

만약 마음이 안정되어 긴밀하게 생각을 잡아나가면 마음과 경계가 모두 혼연일체가 되어 그 양이 허공과 같을 것이다. 이때는 부처도 나

아미타불 48대원

도 없고 산하대지마저도 어느 곳으로 가버렸는지 알지 못한다. 글귀나 글자도 일체 존재하지 않는다. '아' 자도 마찬가지다.

다만 전에 존재하지 않았던 것은 글자가 도망가 버린 동시에 마음도 도망해 버렸고, 지금 존재하지 않는 것은 글자가 변하여 마음이 안정되게 된 것이다. 이때야말로 염불삼매(念佛三昧)를 얻은 것이며, 마음과 경계를 둘 다 잃어버린 현상이다. 처음 염불할 때 마음이 잡경(雜境)에 쏠려 존재하지 않았던 것과는 결코 같이 말할 수 없다.

7. 그때그때마다 염불하고, 늙고 병들 때까지 기다리지 말라.

염불은 가장 시급한 일이다. 그러므로 할 수만 있다면 언제 어느 때를 막론하고 염불하여 늙거나 병들 때까지 기다려서는 안 된다. 부처님께서는 사람의 목숨은 호흡하는 사이에 있다고 하시면서 우리들은 언제 어느 때고 죽을 가능성이 있음을 설파하셨다. 그러니 아무도 자신의 수명을 연장시킬 수 없고, 아무도 이를 보장할 수가 없다.

옛사람이 말하기를, "어제는 길에서 달리는 말처럼 뛰놀더니 오늘은 관속에서 이미 잠들어있네." 하였으니, 결코 귓전으로 흘려들을 말씀이 아니다. 그러므로 죽음이 임박한 것에 대비하여 시시각각 언제나 염불을 잃지 말라. 이렇게 해야만 비로소 최후의 일찰나에 허둥

지둥 몸둘 바를 몰라 하지 않게 된다. 나는 지금 건강하다, 차후 늙고 병들었을 때나 염불하리라고 생각해서는 안 된다. 그때는 이미 늦다. 이러한 계획은 전혀 착오다.

예전에 어떤 사람이 그의 벗인 장조유의 집에 가서 염불할 것을 권하였다. 그러자 장이, "나는 아직 세 가지 일을 해결하지 못했네. 그래서 수행할 틈이 없네. 하나는 부모님의 장례를 치루지 못하였고, 하나는 아들 장가를 아직 들이지 못하였으며, 또 하나는 딸을 아직 치우지 못했네. 이런 일들을 치루고 나서 천천히 생각해 보겠네." 하였다.

그 사람이 집으로 돌아와 몇 달이 지난 후에 다시 그의 벗인 조유의 집에 가보니, 조유는 이미 죽은 후였다. 그리하여 그는 긴 한숨을 쉬며 다음과 같이 탄식하였다.

내 벗의 이름은 장조유.
염불을 권했으나 세 가지 일로 미루었네.
염라왕은 본시 무정한 분.
이런 일들을 마치기도 전에 이미 끌려갔네.

염라왕은 유독 그만을 기다려주지는 않았다. 세상에는 누구를 막론하고 자신이 제2의 장조유가 되지 말라는 법은 없다. 그러므로 수행하는 자는 염불할 수 있으면 때나 장소를 가리지 말라. 거듭 선인 (先人)의 전철을 밟아 천추의 한을 남기는 일이 있어서는 안 된다.

아미타불 48대원

8. 도솔정토(兜率淨土)에 대한 나의 소견

시방세계 가운데는 더러운 국토도 무수하고 깨끗한 국토도 무수하다. 세존은 법을 설하여 타방정토를 소개하시며 그곳에 왕생하기를 널리 권할 때마다 그 중 아미타불의 극락정토와 미륵의 도솔정토(兜率淨土)를 가장 자세히 보여 주셨다.

도솔정토를 소개하신 의도는 미리 미륵보살을 의지하여 배우고 장래 다시 그를 따라 하생(下生)하여 용화(龍華) 삼회(三會) 중의 성문(聲聞)제자가 되려는 것이다. [석가모니 부처님이 입적하시고 56억 7천만 년이 지난 후 미륵보살이 나와 용화수龍華樹 아래서 정각正覺을 이루시고 3회에 걸쳐 법을 설하여 중생을 제도한다고 한다.] 그러므로 세존께서 일찍이 《미륵상생경(彌勒上生經)》과 《미륵하생경(彌勒下生經)》을 설하셨던 것이니, 도솔정토는 부처님께서 권하고 찬탄하신 것이 사실이다. 더욱이 미륵보살은 유식(唯識)의 존사(尊師)로서 일찍이 《유가사지론(瑜伽師地論)》을 설한 적이 있었으므로, 사바에서 유식을 배우는 자는 흔히 도솔에 왕생하기를 발원하며 가까이서 미륵보살을 친견코자 한다.

나는 이런 사실에 대하여 세존께서 자비심이 많아 허다한 방편문을 개설하신 것을 찬탄하는 동시에 왕생하기를 원하는 자가 유식을 배우기 싫어하지 않는 것과 거듭 예토(穢土)에 태어나려는 정성을 찬탄해 마지않는다.

그러나 첫째, 사자각보살 같은 이도 오욕에 빠져서 돌아갈 줄을 몰랐던 일을 생각하면 나는 결코 그에 비해 고명하지 못함을 자각하고 혹시 위험하지 않을까 하는 점과 둘째, 이곳을 최후의 귀의처로 여기고 극락국의 아름다움을 망각하는 일이 없을까 하는 점과 셋째, 미륵보살은 일찍이 임종에 접인하리라는 발원을 세운 적이 없었으므로 나중에 병이 위독하고 정신이 혼미할 때 전혀 자력만을 의지해야 하는 것이 아닐까 하는, 이러한 세 가지 이유로 나는 도솔을 버리고 극락에 왕생하기를 바라는 것이다.

만약에 어떤 사람이 나에게, "극락정토에 태어나는 것과 도솔정토에 태어나는 것 중에 어떤 것이 더 낫습니까?"하고 묻는다면, 나는, "극락에 태어나려는 것은 만 사람이 닦아 만 사람이 성취할 수 있으므로 비교적 수월한 길이라 하겠다. 그러나 도솔에 태어나는 것은 감히 어떻다고 나는 단정할 수 없다." 하고 대답하겠다.

나의 의견은 이와 같을 뿐이고, 부처님의 경교(經敎)를 어기자는 것은 아니다. 이것은 낫고 저것은 못하고를 말하려는 것은 결코 아니다.

9. 염불은 선(禪)·율(律)·교(敎)·밀(密)의 작용을 포괄하였다.

염불에 대해 깊이 이해하지 못하는 자는 염불이 선(禪)과 판연히 다르다고 생각한다. 선은 기뻐하고 싫어하며 취하고 버리는 것이 없으나 염불은 정토를 좋아하여 취하고 예토는 싫어하여 버리며, 선은 경계에 탐착하지 아니하여 잠시라도 탐착하면 본래를 잃어버린다 하였으나 염불은 마음과 경계가 상대하여 주관과 객관이 분명하며, 선은 법집(法執)을 멀리 여의었으나 염불은 법집을 이용해야 하며, 선은 법성(法性)의 몸이어서 생사가 없으나 염불은 여기서 죽어서 저기에 태어나는 생각을 가지고 있다. 이런 일들이 선과 정토가 판연히 다른 점이라고 생각한다.

그러나 정토에 대해 어느 정도 이해가 있으면 그렇게 생각하지 않는다. 염불삼매의 경계는 허공이 가루가 되도록 부서지고 대지가 평탄하고 가라앉아서, 이전의 한 생각 심성(心性)은 시방의 제불과 법신(法身)이 융합하여 마치 백 천 개의 등불이 방 하나를 비침에 그 광명이 두루 하고 가득하여 없어지지도 뒤섞이지도 않는 것과 같다.

이때는 6식의 분별을 떠나 선문(禪門)의 진여삼매(眞如三昧)와 전혀 다르지 않아서 선과 정토를 구별할 수 없는 지경에 이른다. 이런 점에서 보면 선이 바로 정토라고 하여 무슨 허물이 있겠는가?

계율의 작용은 능히 몸과 입과 마음의 삼업(三業)을 막아서 그것들로 하여금 선을 내고 악을 그치게 한다. 그러나 정토법을 닦을 때는 몸은 부처님을 예배하고 입으로는 부처님을 부르고 마음으로는 부처님을 생각하여 삼업이 이미 집중하고 육근(六根)이 자연히 흡수하게 된다. 그러니 선을 내는 것으로 말하면 이야말로 선을 내는 것의 극치이며, 악을 그치는 것을 말하면 삼업을 이미 부처님께 집중한 상태에서 이밖에 다시 무슨 악을 저지를 수 있겠는가? 이런 점에서 보면 정토가 바로 율(律)이라 하여 무슨 잘못이 있겠는가?

일구의 '나무아미타불'은 문자로서 말하면 단지 여섯 자에 불과하지만, 그 작용을 가지고 말하면 삼장(三藏) 십이분교(十二分敎)의 교리가 모두 그 속에 갖추어져 있고 석가 49년의 설법이 한 자도 남김없이 모두 그 속에 갖추어져 있다고 말할 수 있다.

이와 같이 어떤 교이든 이 여섯 자 밖에 있는 것이 아니다. 우선 교를 연구하는 목적은 신(信)과 해(解)를 일으켜 행(行)과 증(證)을 여는 데 있고, 염불의 작용은 바로 망심(妄心)을 쉬고 정념(淨念)을 성취하는데 있으므로, 실로 신과 해를 초월하여 바로 행과 증의 단계에 도달한 것이 아니겠는가?

그러므로 학자가 만약 염불을 하게 되면 연구하는 수고를 들일 필요 없이 모든 교의를 모두 구족하게 되는 것이다. 이런 점에서 보면 정토가 바로 교(敎)라고 하여 무슨 잘못이 있겠는가?

삼밀가지(三密加持)를 중시하고 즉신성불(卽身成佛)을 강조하며 6종의 무외(無畏)를 획득하는 것이 밀종(密宗)의 특색이다. 그러나 염불법문의 삼업 집중은 실로 몸과 입과 마음을 가진 채로 삼밀가지 하고 있으니 어떤 분별도 없으며, 염불의 작용은 나의 마음과 부처님의 마음이 융합하여 하나가 되게 하므로 삼매가 현전할 때 성광(性光)이 교차하여 한 덩이가 될 뿐 실로 아무 분별이 없으니, 어떤 것이 부처며 어떤 것이 '나'이겠는가?

그러므로 아미타불을 부를 때는 부르는 자신이 바로 아미타불이니, 이것을 즉신성불(卽身成佛)이라 하여 무슨 잘못이 있겠는가? 설사 삼매를 얻지 못했다 하더라도, 염불할 때 감응이 교류하여 불광(佛光)이 섭수하므로 행자의 눈앞에 바로 부처님의 신통의 가피를 입으니, 무슨 두려움이 있겠는가? 이런 점에서 보면 정토가 바로 밀교(密敎)라 하여 무슨 잘못이 있겠는가?

이상의 여러 가지 뜻을 종합해 보면 곧 확연히 알 수 있겠거니와, 더욱이 고금의 여러 명사대덕이나 고인달사로서 불법을 닦던 이들이 무엇 때문에 누구나 정토 닦기를 제창했겠는가? 범고농(范古農) 거사는, "학문이라면 유식을 배우고 싶고, 수행은 정토를 닦고 싶다." 하고 말한 적이 있는데, 깊이 경장(經藏)에 들어갈수록 더욱 정토를 찬탄했던 것을 알 수 있겠다.

다만 문외한은 정토를 비하하고 있으나, 화씨(和氏)의 구슬을 알지 못하고 일개 돌맹이 취급을 하는 격이니, 괴이쩍게 여길 일도 아니다.

10. 정법의 깊은 뜻은 부처님만이 다 아신다.

《정토삼부경》은 그다지 깊은 이론을 설하고 있지 않은 것이 사실이다. 그리하여 어떤 자는, "염불은 학문의 이론이 없으므로 어리석은 아낙네들을 속이기에 적당하다. 고명한 자가 닦을만한 법문은 못 된다." 하고 말한다. 또한 어떤 자는, "내가 만약 염불을 한다면 이는 바로 어리석은 아낙네가 되어 다른 사람에게 웃음거리가 될 것이다."라고 한다. 이런 생각들은 절대 잘못된 것이다.

정토의 경서가 이론을 설하지 않은 것은 오직 실행만을 권하기 위한 것이지, 결코 학문의 이론이 없는 것은 아니다. 아니 이론이 없는 것이 아니라 너무 깊어서 다 설하지 못하는 것일 뿐이다. 만약 이것을 설하면 저것을 잃게 되고 한 가지를 설하면 만 가지를 잃게 되므로, 아예 설하지 않는 것만 못하기 때문이다. 이것이 이론을 설하지 않고 단지 실수(實修)하기만을 권한 이유다. 만약 실수만 한다면 일체 이론은 저절로 그 안에 포함되어, 마치 바다 속에 목욕하는 자는 백천의 강물을 이미 수용한 것과 같다할 것이다.

만약 염불의 깊은 뜻이나 경계에 대하여 말하려면 오직 부처님께서나 비로소 그 극점을 아실 것이고, 문수나 보현·대세지 같은 대보살들도 그 궁극을 짐작하지 못한다.

지명(指名)염불만을 가지고 생각해보면, 만약 실제로 불가사의한 공덕이 없다면 어찌하여 《아미타경》에서 세존께서, "이 경은 육방(六方)의 제불이 찬탄하고 보호한다."라고 하셨겠는가? 석가와 아미타께서 이미 법문을 건립하셨고, 육방의 제불이 이미 이 법문을 찬탄하고 보호 하셨으니, 그렇다면 이 법문의 독특하고 미묘한 특색과 광대한 공덕과 효과를 상상할 수 있을 것이다.

또한 경에서, "조그마한 선근이나 복덕인연으로는 저 나라에 태어나지 못한다." 하였으며, 이어서 "7일 동안만 부처님 명호를 부르면 곧 왕생할 수 있다."라고 하였으니, 부처님 명호를 부르는 선근과 복덕인연을 알 수 있을 것이요, 확실히 조그만 것이 아님을 알 것이다.

11. 자성미타(自性彌陀)나 유심정토(唯心淨土)의 이론을 오해하지 말라.

이(理)를 중시하고 사(事)를 경시하는 수행인은 가끔 자성미타나 유심정토의 이론에 빠져, "정토는 곧 마음속에 있다. 어디에 다시 서방정토가 있겠는가?" 하면서, 미타의 48대원이나 극락세계에 대해

깡그리 부인하려 한다. 이러한 착오는 진제(眞諦)의 현상이나 속제(俗諦)의 현상을 전부 한 덩이로 보려는 견해로서, 진(眞)과 속(俗)이 모두 공적(空寂)하고 체(體)와 용(用)이 모두 공무(空無)하다는 투의 논조다.

누구나 《반야심경》을 읽었을 줄로 안다. 심경에서 "지(智)도 없고, 또한 득(得)도 없다. 얻을 것이 없기 때문이다..."고 하고, 이어서 "아뇩다라삼먁삼보리를 얻는다."고 하였다. 이것은 진제(眞諦)에 의거하면 얻을 것이 없으나, 속제(俗諦)에 의거하면 얻을 것이 있음을 말한 것이다. 만약 이를 전혀 한 덩어리로 본다면 이는 모순이다.

다른 경전에서도 역시 항상 이런 투의 문장을 발견할 수 있다. 이것은 바로 진(眞)과 속(俗) 이제(二諦)가 같지 않다는 것을 설파한 것이다. 학자들은 오해하여 경의 뜻을 잘못 알지 말기를 바란다.

육조대사가 서방(西方)을 부정한 것도 역시 상주진심(常住眞心)의 입장에서 말한 것으로, 후인들은 조사의 말씀에 집착하여 극락을 말살하지 말기를 바란다. 만약 진제의 입장에서 말한다면 한 법도 존재하지 않아서 부처님도 오히려 행방이 없을 것인데, 어찌 극락정토니 염불왕생이니 하는 일이 있을 수 있겠는가? 그러므로 자성미타여서 성(性) 밖에 미타가 없다고 하는 것이나 유심정토여서 마음 밖에 정토가 없다고 하는 것은 제일의공(第一義空)의 경계로서, 용(用)을 거두어 체(體)로 돌아가면 한 법도 존재하지 않는 것이다.

그러나 만약 깨달음의 공부가 아직 이러한 경지에 미치지 못한 수행인은, 마음과 경계가 모두 공(空)하고 상(想)과 수(受)가 모두 다 고요하지 못하여 주관과 객관이 분명하고 의보(依報)와 정보(正報)가 여전히 존재하여 극락의 하나의 향기나 하나의 색깔, 하나의 꽃이나 하나의 잎까지도 우리가 추구해야 할 대상이어서 버리지 못하는 것이다.

이러한 상태에서 어찌 자신의 덕이나 역량을 헤아리지 않고, 함부로 다른 사람이 자성미타(自性彌陀)니 유심정토(唯心淨土)니 하는 고상한 노래를 부른다 하여 아직 강을 건너기도 전에 뗏목을 버리는 짓을 하겠는가?

《정토삼부경》을 보면, 불신(佛身)의 상호에 대해 설한 곳에서는 부처님의 미간 백호나 머리털의 광색이 미묘하지 않음이 없고, 장엄세계를 설한 곳에서는 꽃이나 과실이나 연못이나 그물이 기묘하지 않음이 없다. 이로써 한 사람이나 하나의 물건이 모두 실재(實在)하여 결코 허구가 아님을 알 수 있으니, 어찌 무턱대고 부정하여 공견(空見)에 떨어지는 짓을 하랴!

12. 이(理)와 사(事)를 아울러 중시하라. 그렇지 못할 경우에는
    차라리 사(事)를 중히 하라.

수행하는 과정에서 이(理)와 사(事)는 서로 표리의 관계요 서로 배합하는 관계이며, 서로 돕고 이루어주는 관계에 놓여있다. 이가 있으므로 해서 사를 짓는 것이 비로소 근거가 있게 되고 강령이 있고 목표가 있고 작용을 일으킬 수 있는 것이요, 사가 있으므로 해서 비로소 이론을 실현할 수 있고 사실을 근거하고 이해하는 정확성을 알 수 있고 그 효과를 알 수 있는 것이다.

이가 있고 사가 있는 것은 마치 노정(路程: 목적지에 이르기까지 거쳐 지나가는 길이나 과정)을 알고서 여행하는 것과 같고, 이만 있고 사가 없으면 이미 노정은 알았으나 기꺼이 길을 떠나지 않는 것과 같으며, 사가 있고 이가 없는 것은 길을 갈 줄은 알면서 노정은 알지 못하는 것과 같다 할 것이다.

이를 미루어 이미 노정을 알고서 여행을 떠나는 자는, 이(理)와 사(事)를 갖춘 자만이 비로소 성공할 수 있고, 그밖에 두 가지는 모두 성공할 가능성이 희박함을 알 수 있다.

그러나 비록 길을 떠나려는 사람이 자신의 지혜가 천박하여 노정을 정확히 알고 있지는 못하더라도, 선배들이 이미 찾아내어 뒷사람

아미타불 48대원

들에게 보여주신 이정표를 참고하여 길을 떠난다면 역시 능히 목적지에 도착할 수 있다. 경론이나 고덕의 저술이나 그 밖의 사적이 바로 길을 가리키는 이정표인 것이다.

후인들은 이를 참조하여 실행하기만 하면 저절로 공을 이루어 고인과 전혀 차이가 없는 지점에 도달하게 되는 것이다.

그러므로 사만 있고 이가 없는 것은 조금도 걱정할 것이 없고, 진정 걱정해야 할 일이라면 바로 제자리에 앉은 채 입으로만 지껄이면서 한걸음도 내디디지 않는 이(理)만 있고 사(事)가 없는 자들인 것이다. 그러나 엄격히 말하자면 사가 없는 자는 또한 이도 없는 자라고 해야 마땅하다. 왜냐하면, 이미 담장이 무너질 것을 알았다면 반드시 도망하여 피할 줄도 알게 마련이다. 그대로 앉은 채 움직이지 않는다면 이것은 안 것이 아니다.

그러므로 불법은 일자무식의 어리석은 늙은이는 제도할 수 있으나 세지총변(世智聰辯)한 자나 수행하기 좋아하지 않는 자는 제도할 방법이 없다. 그러므로 부처님 당시의 주리반타카는 매우 우둔하였으나 마침내 미혹이 다하여 아라한과를 깨달았으며, 제바달다는 총혜명민(聰慧明敏)하였으나 끝내 산 채로 지옥에 떨어짐을 면치 못했던 것이다.

이런 점에서 보면 비록 뱃속 가득 이해를 채워 두었으나 만약 실제 수행이 없다면 무시(無始)의 혹업(惑業)이 그대로 꽁꽁 봉합되어 털끝만큼도 없어지지 않을 것이니, 이런 것이 사실 무슨 소용이 있단 말인가! 차라리 부뚜막 앞의 늙은 할미가 온 얼굴에 숯검정을 묻히고 낫 놓고 기역자도 모른 채 때때로 부처님을 생각하는 것이 더 낫지 않겠는가?

수행인이 만약 종신토록 그저 명상이론의 흙무더기 속에서 지해(知解)만을 구하여 설사 불학(佛學)박사가 된다 하더라도 진실로 수행에 힘쓰지 않는다면, 이런 자들을 꾸짖어 "밥을 말로만 해서는 배가 부르지 않고, 남의 보배를 헤아리는 것만으로는 마침내 가난을 면치 못한다."라고 한 것이다.

다시 말하면, 누구든지 이미 이론에 밝고서 다시 능히 불사를 실행할 수 있다면 이런 사람은 복과 지혜가 구족하고 이론과 실행이 상응하며 인과 과가 원숙하여 반드시 머지않아 일을 마칠 수 있을 것이다. 만약 그렇지 못할 경우에는 차라리 사실이 있고 이론이 없을망정 이론만 있고 사실이 없는 것은 옳지 않다. 불법을 배우는 자는 특히 이 점에 유의하기 바란다.

13. 정토법은 재가인의 유일한 법문이다.

출가한 스님들은 처자식의 번거로움이 없고 의식을 찾아야 하는 걱정이 없고 세속의 시끄러움이 없다. 그러므로 불법을 닦기에 가장 적합하다 할 것이다.

재가인은 그렇지 못하다. 삶을 영위하기 위해 종일토록 소나 말처럼 노력하여도 시름을 놓을 겨를이 없는데, 더욱이 협소하고 지저분한 방안에 한 개의 불탁(佛卓)인들 들일 곳이 있겠는가?

장사하는 자는 물건을 사고팔기 위하여 잠시도 가게를 비울 틈이 없고 손님을 맞이하고 회계를 마감하는 등 온종일 바쁘다. 공무원은 하루 8시간씩 꼬박 의자에 앉아 공문을 처리하다가 저녁이 되어서야 집에 돌아오면 온 몸은 파김치가 된다. 더욱이 처리해야 할 개인용무도 남아 있다.

언제 한가하게 마음을 쉬고 도를 닦을 겨를이 있겠는가? 노동하는 자도 그다지 별 차이가 없다. 좌선을 익히고 계율을 지키고 밀교를 공부하고 경전을 연구하려 해도 도무지 그럴 틈이 없다. 이런 점에서 보면 재가의 선남선녀가 화택(火宅) 중에서 출세간의 법을 닦으려는 것은 진정 하늘을 오르려는 것만큼이나 어려운 일이다.

다행히 여래께서 무변한 지혜가 있으시어 일찍이 재가자를 위하여, 이렇게 시간도 들이지 않고 세속의 일에 장애도 되지 않는 매우 간편하고 효력도 극대할 뿐만 아니라 닦는 이는 누구라도 성취할 수 있는 정토법을 보여주셔서, 재가나 출가자를 막론하고 일제히 삼계(三界)를 벗어나 한사람도 누락치 않게 하셨던 것이다.

만약 재가자가 이 법을 닦지 않고 선(禪)을 배우거나 율(律)을 배우거나 교(敎)를 배우거나 밀(密)을 배우려고 하면, 이를 성취할 희망이 심히 미미할 뿐만 아니라 심지어 닦고 익힐 방법도 없는 것이다. 그러므로 재가자가 염불 외의 방법으로 깨달음을 얻고자 하면 거의 행할 만한 길이 없음을 알 수 있을 것이다. 왜냐하면, 정토법을 설하신 것은 재가의 선신인(善信人)을 위한 유일한 선물이기 때문이다. 바라건대 이를 버리고 닦지 않음으로 해서 스스로 궁지에 빠지는 일이 없도록 하라.

14. 극락의 뜻

어떤 이가 "《곡례(曲禮)》에서, '뜻은 만족시킬 수 없고, 즐거움은 끝이 없다.'고 하였고, 속담에도 역시 '즐거움이 다하면 슬픔이 생긴다.'고 하였습니다. 그렇다면 아미타불의 불국을 극락세계라고 한 것은 이와 서로 상반되지 않습니까?" 하고 물었다.

소위 "즐거움은 끝이 없고, 화락(和樂)이 다하면 슬픔이 생긴다."라고 한 것은 세상의 완전하지 않은 즐거움을 지적하여 말한 것으로, 그것은 완전하지 않은 즐거움이기 때문에 그 즐거움 속에 고통의 소인(素因)이 내재하고 있어서 이것이 다하면 슬픔이 생기는 것이다.

예컨대 기생을 데리고 노는 것으로 즐거움을 삼는다면, 그 즐거움의 끝에는 재산을 탕진하게 되고 몸을 망치고 악질(惡疾)을 얻게 되고 수명도 재촉하게 된다. 이것이 슬픔이 생기는 것이 아니고 무엇인가? 또한 술 마시는 것으로 즐거움을 삼는다면, 그 즐거움의 끝에는 공무(公務)를 그르치고 일을 망치고 질병을 유발하고 실수를 저지르게 되니, 이것이 슬픔이 생기는 것이다. 세상만사는 대개 이와 같다. 그러므로 성인께서 즐거움이 있더라도 끝까지 하지 않도록 교훈하신 것이다.

극락국은 어떠한가?
이곳에서 수용하는 것은 출세간의 무루법락(無漏法樂)이어서 전혀 욕계(欲界)의 오욕락과는 같지 않다. 그러므로 비록 다함이 있다 하더라도 슬픔이 생길 수 없고, 수용이 제한이 있거나 경계하거나 두려워할 필요가 없는 것이다.

세존이 《아미타경》을 설하실 때 사리불에게 말씀하시기를, "그 나라 중생은 여러 가지 고통이 없고 여러 가지 즐거움을 누릴 뿐이므로 극락(極樂)이라 한다."라고 하셨다. 이렇게 극락이라는 의미를 설명하신 것은 즐거움뿐이고 고통이 없음을 강조하려 하신 것이다. 이와 같다면 슬픔은 어디로부터 생길 것인가? 만약 슬픔이 생긴다면 여러 가지 고통이 없다고 말씀하시지는 않았을 것이다.

15. 수행인은 어찌하여 반드시 극락국토에 왕생해야 하는가?

행자가 극락국토에 태어나게 되면 영원히 안전한 수행 장소를 얻게 되는 것일 뿐 당장 성불할 수 있는 것은 아니다.

양인산 선생은, "서방정토는 거대한 학교이니 미타께서 시방중생을 접인하여 그 곳에 가서 배우게 하시고 음식이나 의식을 공급하신다. 학비를 낼 필요도 없고 햇수도 한정이 없다. 그 곳은 가없이 넓고 크며 아득한 옛날에 건립된 곳이다. 그 학교에 들어간 자는 어떤 근기를 막론하고 무생법인(無生法忍)을 증득할 때 제1차 졸업을 하게 된다. 어떤 자는 그곳에서 수업을 받게 되고, 어떤 경우에는 다른 곳으로 가서 교화를 받게 되지만 그의 원은 달라지지 않는다.

이로부터 십주(十住), 십행(十行), 십회향(十回向)의 삼현(三賢)의 지위를 원만히 한 후에 초지(初地)에 들어갔을 때 제2차 졸업을 하게 된다. 다시 초지(初地)로부터 등각(等覺)에 이르러 묘각(妙覺)의 과해(果

海)에 들어갔을 때 제3차 졸업을 하게 된다.

이것은 차제문(次第門)을 가지고 말한 것이지만, 만약 원돈문(圓頓門)으로 논하면 한번 닦음에 모든 것을 닦게 되고 하나를 증득함에 모든 것을 증득한다. 그러나 결국 원돈과 차제가 다를 바 없다. 사실대로 말하면, 시방삼세의 갖가지 교법이 한 가지도 구비하지 않은 것이 없다. 그러므로 모든 부처님께서 찬탄하지 않은 이가 없었던 것인데, 어찌하여 세상 사람들은 생사에 유랑하며 출몰을 반복하면서 이곳에서 벗어날 길을 찾지 않는가?"라고 하였다.

이를 보면 행자가 저 나라에 태어난 후에도 여전히 수행해야만 성불할 수 있게 됨을 알 수 있다. 다시 말하면, 그 곳은 환경이 우수하고 수행에 아무런 장애요소가 배제되어 수행하기에 매우 편리한 곳임에 불과한 것이다.

예컨대 악도에 윤회하는 두려움도 없고, 수명도 무량하며, 미타나 관음세지가 스승이시고, 물소리·바람소리·새소리가 모두 법음을 연설하며, 먹고 입는 것을 걱정할 필요도 없이 의식주가 풍부하고, 함께 거주하는 이웃들이 모두 상선인(上善人)인 것 등 수행하기에 필요한 최적의 조건들이 구비하지 않은 것이 없다. 그러므로 뜻을 가진 수행인은 반드시 저 나라에 왕생해야만 하는 것이다.

16. 정토는 다른 이를 제도하려는 대승법이다.

어떤 이가, "나는 극락에 왕생하는 것을 원치 않는다. 영원히 이 사바에 머물면서 중생을 제도하기 바랄 뿐이다."라고 하였다. 이러한 생각은 확실히 보살의 대원이다. 다만 보살이 닦아야 하는 10바라밀을 가지고 말한다면 원(願)바라밀에다 방편(方便)바라밀과 지(智)바라밀을 더해야만 비로소 원만히 원을 집행하는 임무를 다할 수 있게 되는 것이다.

예컨대 물에 빠진 자를 구하고자 하는 자가 자신이 미리 수영법을 배워두지 않은 상태에서 남을 구하려고 한다면, 끝내 두 사람이 함께 물귀신이 되고 마는 참극을 면치 못하는 것과 같다. 이것은 인심(仁心)은 있었으되 인술(仁術)은 없었던 것이다.

위에서 말한 대원을 가진 자에게 묻고 싶다. 이미 혹업(惑業)을 끊고 모든 신통지혜를 갖추었는가? 만약 그렇지 못했다면 자신이 수행법을 익혀두지 않은 상태에서 남을 구하려고 한 것이나 진배없다. 차라리 하루빨리 극락에 왕생할 길을 찾아 무명혹업을 다하고 보살의 신통과 지혜를 배운 후에 다시 와서 중생을 제도하여도 늦지 않을 것이다.

또한 어떤 이는, "정토는 소승법이기 때문에 나는 배우기를 원치 않는다."라고 말한다. 나는 아래에서 다음과 같은 일곱 가지 이유를 들어 정토는 결정코 대승법(大乘法)임을 증명하려 한다. 이 일곱 가지 이유는 모두 경전에서 고찰할 수 있는 것들이다. 만약 이러한 고찰들마저 인정하지 않고 한사코 대법(大法)을 비난하려 든다면, 이것은 마치 두 눈을 질끈 감고 공자는 일자무식이다 하고 우기는 것과 같으니, 이는 일고의 가치도 없는 중상모략에 불과하다.

첫째, 불교가 중국에 들어온 후 그 교의가 열 가지로 발전하게 되었는데, 그 가운데 구사(俱舍)·성실(成實), 두 가지는 소승에 소속시켰고, 율(律)·삼론(三論)·법상(法相)·화엄(華嚴)·천태(天台)·진언(眞言)·선(禪)·정토(淨土) 등은 대승에 소속시켰다. 이것은 천백년 이래 학자들이 공인하는 바다.

둘째, 부처님이 멸도하신 후 인도에서 가장 성행했던 불법은 소승이었다. 그 후 6백 년경에 마명보살이 백 부의 대승경전을 종합하여 《대승기신론(大乘起信論)》을 저술하여 대승의 깊은 뜻을 제창하였다. 그렇다면 거기서 논술한 것은 모두 대승법임이 자명하다. 그런데 특히 편말(篇末)에서 정중히 염불법문을 소개하면서 서방극락에 왕생할 것을 권하였다. 마명이 이미 논을 저술하여 대승을 홍양(弘揚)했다면 그 가운데 소개된 것은 필시 소승법이 아니다.

셋째, 종래 극락정토에 대해 일찍이 그 나라에 왕생할 것을 발원한 자는 큰마음과 깊은 지혜를 가진 대승행자들이었다. 경전 중에 보이는 자들로는 대세지·보현·용수·세친 등의 모든 보살들이었고, 담란·혜원·자의·도작·선도·청량·영명·연지·우익·철류·성암 등의 여러 큰스님들이 한 분도 정토의 종장(宗匠)이 아닌 분이 없었고, 한 분도 대승행자가 아닌 분이 없었다.

넷째,《무량수경》의 첫머리에서 특별히 부처님이 이루 헤아릴 수 없는 여러 보살들과 함께 하신 것을 강조하였다. 그 가운데 보살의 공행(功行)에 대해 서술한 문장이 천여 자에 달한다. 이는 다른 경전에서는 보기 드문 현상이다. 경전의 끝에 가서 부처님께서 또한 일생보처(一生補處)인 미륵보살에게 직접 부촉하시며 그에게 진심으로 믿어 가지고 받들어 읽고 남에게 설하고 자신이 실천하기를 가르치셨다. 이러한 말씀은 모두 그 가운데 깊은 뜻이 함유되어 있어서 오직 지극한 대승인만이 능히 이 지극한 정토법을 깨닫고 감당하고 홍양(弘揚)할 수 있다는 뜻이다.

다섯째, 소승행자를 두 가지로 분류하는데, 하나는 우법소승(愚法小乘)인데, 이런 자는 소승해탈로 만족하고 대승을 알지 못하며 또한 대승에 진취할 생각도 하지 않는 자다. 또 하나는 불우법소승(不愚法小乘)이니, 이런 자는 소승을 대승의 한 과정으로 여길 뿐 결코 영원히 소승에 안주하지는 않는다. 마치 지금의 초등학생은 장래 대학생으로서 그가 배우는 교재는 대학생에 이를 수 있는 사다리 역할과 같다. 그러므로 이런 자는 결코 진정한 소승이라 말할 수 없다.

《미타경》에서 말씀하시기를, "극락국토에 중생으로 태어난 자는 모두 아비발치요, 그 가운데는 많은 일생보처(一生補處)가 있어서 그 수를 헤아릴 수 없다. 다만 무량무변 아승지라고 말할 수밖에 없다."라고 하셨다. '아비발치'란 불퇴전(不退轉)이라고 번역한다. 그 나라 중생은 공부가 이미 불퇴의 자리에 있어서 부단히 앞을 향하여 전진하며, 그 중에는 장차 부처님의 지위를 보충할 대보살들이 위에서 말한 대로 무량무변하다고 하신 것이다. 이런 점에서 보면 극락국토에는 보살 외에 비록 소승들이 있긴 하지만, 이들은 결코 우법(愚法)은 아니어서 대승의 전단계인 것이다.

여섯째, 대승과 소승은 마음의 차이일 뿐, 법과는 무관하다. 행자가 불법을 닦을 때 자기 자신만을 이롭게 하는 마음을 가지고 있으면 어떤 법을 닦든 모두 소승(小乘)이요, 반대로 자기 자신과 다른 이를 동시에 이롭게 하는 마음을 가지고 있으면 어떤 법을 닦든 모두 대승(大乘)이다. 이 사바에서 정토를 배우는 자는 흔히 대승심을 발한다. 그러므로 정토는 대승법이다.

예를 들면 회향게(回向偈) 가운데, "원하옵나니, 이 공덕으로 부처님의 정토를 장엄하여 위로는 네 가지 큰 은혜를 갚고 아래로 삼악도의 고통을 면해지이다. 말하거나 보고 듣는 자 누구나 성불하는 마음을 내어 이 보신(報身)이 다하면 함께 극락국에 왕생하여지이다."하며 분명히 극락국에 왕생하기를 원하면서 동시에 위로는 네 가지 큰 은혜를 갚고 운운(云云)했으니, 이 한 구절이 소승이겠는가?

또한 옛사람 원문(願文) 가운데도, "... 듣고 나서는 곧 무생법인을 깨달아 안양(安養)을 여의지 않고 사바세계에 돌아와 중생의 근기에 따라 방편을 잘 알아 중생을 제도하며, 교묘히 불사(佛事)를 지어지이다..." 하며, 거듭 이 사바세계에 돌아와 방편으로 중생을 제도하겠다고 하였으니, 이러한 원을 소승인이 어찌 발할 수 있겠는가?

또한 대자(大慈)보살 발원게(發源偈)에도, "보거나 듣는 자는 모두 정진하여 함께 극락국에 태어나며, 부처님을 친견하여 생사를 마치고서 부처님과 같이 무명번뇌를 끊고, 무생법문을 배워서 서원하기를 중생을 제도하여 모두 불도를 이루어지이다." 하며, 극락에 왕생하기를 구하여 보살의 사홍서원(四弘誓願)을 발하였으니, 이것이 어찌 소승법이겠는가?

또 준식법사의 발원게(發源偈) 끝부분에, "잠간 사이에 극락국에 태어나 꽃이 피면 부처님을 뵙고 불승(佛乘)을 듣고 부처님 지혜가 열려서 널리 중생을 제도하여 보리원을 만족해지이다."라고 하며 중생을 널리 제도하여 보리원을 만족하겠다고 하였으니, 이것이 어찌 소승인이 발할 수 있는 원이겠는가?

또한 연지대사 발원문에도, "... 모든 공덕을 모두 성취해 지이다. 그런 후에 안양을 여의지 않고 사바에 돌아와 무수한 몸을 나누어 온 시방찰해(十方刹海)에 불가사의한 자재신력(自在神力)과 갖가지 방편으로 중생을 제도하여 모두 번뇌를 끊고 정심(淨心)을 얻어 함께 서방세계에 태어나 불퇴위에 들어가며..." 하며, 이렇게 거듭거듭 이 세상으로 다시 돌아와 시방에 몸을 나누어 중생과 함께 극락에 태어나고자 하였으니, 만약 이를 소승이라 한다면 대승법은 어떤 것인지 나는 알지 못하겠다.

일곱 번째,《관경(觀經)》에서 부처님이 위제희에게 고하시기를, "상품상생인이 저 나라에 태어나고자 하는 자는 반드시 세 가지 복을 닦아야 한다. 그 가운데 세 번째 복은 보리심을 발하여 깊이 인과를 믿고 대승경전을 독송하며 남에게 이를 닦기를 권하는 것이다."라고 하였다. 이미 성불할 마음을 내어서 대승 경전을 읽고 다른 이에게 이를 닦기를 권하였다면 보살행을 구비한 것이니, 이를 어찌 소승이라고 말하겠는가?

현재 상품상생은 말할 것도 없고 그 아래의 각 품도 역시 대승경전을 독송하고 무상(無上)의 도심을 발하는 자가 무수하며, 심지어 가장 아래 단계인 하품중생이나 하품하생들도 모두 생전에 많은 죄악을 저질러서 지옥에 떨어질 수밖에 없는 역악(逆惡)죄인들이었으나, 경에서는, "하품중생인이 저 나라에 태어난 후에는 관음·세지보살님이 그들을 위해 깊고 깊은 대승경전을 설하여 이를 듣고는 무상도를 발하며, 하품하생인이 저 나라에 태어난 후에는 관음·세지보살님이 그들을 위하여 제법실상을 설하여 이를 듣고는 보리심을 발한다.”라고 하였다.

이상에서 말한 대승경전이니 무상도심이니 보리심을 발한다느니 하는 것은 모두 대승의 극치로써, 절대 소승의 근기로써는 능히 알 수 있는 일이 아니다. 구품(九品)의 아래 단계인 하중(下中)이나 하하품(下下品)이 이와 같다면, 그 위의 각 품은 굳이 더 설명할 필요가 없지 않는가?

이런 점에서 보면 오역(五逆)이나 십악(十惡)을 저지른 사람일지라도 저 나라에 태어난 후에는 모두가 지극한 대승행자로 돌변할 줄 아니, 이를 두고 누가 정토가 소승이라고 하겠는가!

17. 염불법문은 이행법(易行法)이다.

정토법문 중에서도 지명염불이 더욱 수행하기 쉬운 법문이라고 할 수 있다. 그런데 이 수행하기 쉽다는 것에 여러 가지 뜻이 있는데, 사람들이 그다지 잘 알고 있지 못한 듯하다.

아미타불 48대원

첫째, 여타의 법문을 닦는 경우에, 만약 교(敎)를 통하여 들어가면 경전이 넓고 크고 포함하고 있는 이치가 깊어서 반드시 하나의 이치를 이해하는 것으로부터 내지 많은 뜻을 이해하여 이를 융통해야 하고 그런 후에 그 정수를 뽑아서 수행의 길을 열어 종신토록 이 길을 걸어가야 하니, 이것은 수십 년 동안 공을 들이지 않으면 이룰 수가 없다.

율(律)을 통하여 들어갈 경우에는 응당 출가하여 스님이 되어야 하고 계상(戒相)이 복잡하여 반드시 고통을 인내하고 의지가 강하고 정신력이 굳세어야만 목적을 달성할 수 있다.

선(禪)을 통하여 들어갈 경우에는 견성(見性)이나 지관(止觀)을 막론하고 숙세에 지혜를 닦은 적이 없으면 선관(禪觀)을 닦을 근기가 아니니, 하열한 근기로는 수승한 법을 발하려 하여도 결국 조사의 등불을 전해 받지 못한다. 그러나 이 지명법은 평상시 부처님 명호를 부르는 것 외에 일체 다른 일이 필요치 않다. 이것이 수행하기 쉽다는 뜻이다.

둘째, 여타의 수행법은 전적으로 자신의 힘에만 의지해야 하지만, 염불은 부처님의 힘까지 갖추었다. 부처님의 힘의 위대함은 구박범부(具縛凡夫)가 가지고 있는 한갓 자신의 힘에 비할 바가 아니다. 그러므로 염불할 때 실제로 부처님의 원력에 부합하여 왕생할 수 있을 뿐만 아니라 악인도 임종시에 부처님 명호를 열 번 부르는 것만으로도 왕생했던 것은 좋은 본보기라 할 것이다. 옛사람들이, 걸어가는 것을 여타의 법문에 비유하고, 수레에 타고 가는 것을 염불에 비유했던 것은 결코 과장이 아니다. 이처럼 수행하기가 쉽다는 뜻이다.

셋째, 극락에 왕생한 후에는 우수한 환경과 부처님의 가피로 어떤 법을 닦든 어떤 과덕(果德)을 증득하든 모두 매우 쉽게 증득할 수 있다. 마치 연약한 수목에 버팀목을 설치해 주고 어린아이 옆에 엄마가 돌보고 있는 것과 같다할 것이다. 그러므로 저 국토에서 수행을 거쳐 성불하기까지는 마치 천 길이나 되는 절벽 아래로 바위를 굴리듯이 그 과정이 일사천리로 진행된다. 이것이 이행(易行)의 뜻이다.

위의 세 가지 뜻을 종합해 보면, 소위 이행(易行)이란 것은 첫째, 손쉽게 실행할 수 있어야 하고, 둘째, 쉽게 왕생할 수 있어야 하고, 셋째, 쉽게 성불할 수 있어야 한다. 이 세 가지 뜻을 골고루 갖추었으므로 염불법문을 수행하기 쉬운 법문이라고 하기에 조금도 손색이 없다는 것이다.

이러한 책무를 맡았으므로 이 수행하기 쉽다는 말은 지나온 경로가 실로 금성옥진(金聲玉振)과 같아서 처음부터 끝까지, 범부로부터 성불할 때까지 이 중간에 단계가 있기도 하지만 또한 없기도 하다. 그러므로 왕생한 즉시 생사를 벗어날 수 있고, 염불한 즉시 성불할 수 있으니, 이는 마치 누에고치와 번데기와 나방을 구분할 수 없는 것과 같다. 누에고치가 바로 나방이라 하여 결코 틀린 말이 아니기 때문이다.

지은이 _방륜 거사
역자 _연관 스님

이 책은 대만 불학총서(佛學叢書)에 들어 있는 책으로서, 불교적 소양을 갖추신 방륜 거사님이 쓰신 책입니다.

실상사 화엄학림 학장과《조계종 표준금강경》편찬위원장을 역임하시고 경전 번역 및 정진(봉암사 등 제방에서 수행)에 매진해 오신 연관 큰스님께서 이 책을 보시고, 극락왕생의 길을 열어주는 정토법문으로 상세하게 설명해 놓은 내용을 우리 불자들에게 전해 주기 위하여 번역하셨습니다.

아미타불 극락세계로 가는 길을 알려주신 두 분 선지식께 깊은 감사 올립니다.

발원문

극락세계에 계시옵고,

모든 중생에게 무한한 광명을 비추시는

무량수 무량광 아미타 부처님께 지심귀의 하오며,

늘 아미타 부처님의 무한한 광명 속에 살다가

이생이 다하면 미타용선 올라타고 극락세계로 왕생하기를 발원합니다.

아미타 부처님의 거룩하신 48원을 한 권의 책으로 내는

이 인연을 맞이하여 간절히 발원하오니,

아미타 부처님의 무한하신 광명에 힘입어

지금 이 나라 모든 사람들의 인연이 나날이 밝아져서

모두가 서로에게 복 짓고 덕이 되는 좋은 인연으로 승화되기를 바라옵니다.

모든 사람들이 아미타 부처님의 지혜광명의 비추심으로

삶의 참다운 가치를 찾게 되기를 발원하오며,

참다운 즐거움이란 모두가 서로 살려주는 즐거움이며,

참다운 따뜻함이란 모두가 서로 감싸주는 따뜻함이며,

참다운 아름다움이란 모두가 서로 베푸는 자비에 있음을

깨닫게 되기를 발원합니다.

더불어 남북한 모든 이들이 나날이 생각이 깊어져서

어떤 어려움 속에서도 좌절보다는 희망을 찾게 되기를 바라오며,

부처님이 가르쳐주신 인욕과 절제의 가치를 배우고 실천하며,

생각과 말과 행동에서 향기가 나게 되어

다함께 서로 돕고 이해하는 세상 만들어 나가기를 발원합니다.

물질문명의 폐해 속에서 갈 곳을 잃은 젊은이들이

생명의 소중함을 깨닫고 모든 생명을 귀하게 돌보게 되기를 발원하오며,

시간을 아껴서 부처님 전에 많은 복과 공덕 짓고 지혜를 닦아

나날이 더욱더 부처님을 닮아가기를 발원합니다.

우리 국민 모두가 나날이 더욱더 성숙한 인격을 갖추어서

상대의 장점을 북돋워주고 상대의 단점을 덮어주고 제도해주는

수승한 인연들이 되어

서로가 서로에게 기쁨과 의지가 되어서

다같이 이생을 푸근하게 잘 살고

이 세상 떠나갈 때는 아미타 부처님의 맞이하심 속에

한 사람도 빠짐 없이 극락왕생하시기를 발원합니다.

또한 진심으로 바라오니,

오랜 세월 이 나라에서 일어난 수많은 전란과

역사의 뒤안길에서 나라를 지키기 위해 외로운 길을 가시고

목숨 바친 모든 순국영령들께서도

아미타 부처님의 거룩하신 미타용선에 올라 극락왕생 하옵기를 발원합니다.

이 나라 역사의 뒤안길에서 허망하게 목숨을 빼앗긴 그 수많은 영가님들도

아미타 부처님의 무한하신 자비가호지묘력으로

모두 극락왕생하시기를 발원합니다.

세월호에 갇혀 차가운 바닷물 속에서 죽어간 그 모든 영가님들과

각종 전염병으로 인해 몰살 당한 수 많은 동물 영가님들도 모두

아미타 부처님의 자비하신 품에 안겨 극락왕생하옵소서.

여러 가지 사고와 비극으로 가족을 잃거나 마음에 상처 입은 그 모든 분들도

아미타 부처님의 자비광명으로 해탈을 얻게 되기를 발원합니다.

마지막으로,

아미타 부처님의 무한하신 위신력으로
이 책이 나오기까지 애써주신 모든 분들의 (선망)부모 친가 외가 시가 처가의
일체 조상영가님과 일가친척, 일체 인연영가님들이
모두 극락왕생하게 되시기를 발원합니다.
이 책을 읽는 모든 분들의 부모 조상 일체인연중생들과 인연영가님들도
아미타 부처님의 크신 서원에 힘입어 모두 정토에 왕생하는
인연 맺게 되시기를 발원합니다.

이 책을 만드는 일에 동참하게 된 인연에 깊이 감사드리오며,
이 책으로 지은 모든 공덕을 아미타 부처님 전에 회향합니다.

나무아미타불
향법 행(香法行) 합장

매우 희유한 사람

南無阿彌陀佛

만일 청정한 믿음을 가진 선남자나 선여인이
괴로움의 세계인 이 일체세간에서
가장 믿기 힘든 법문(아미타불 염불법)을 듣고,
믿고 이해하며 받아지니고
남을 위해 연설해주며 가르침대로 수행할 수 있다면
마땅히 이 사람은 매우 희유한 사람으로서,
한량없는 부처님 처소에서 선근을 심었으며,
이 사람은 목숨을 마칠 적에 반드시 서방극락세계에
왕생하여 온갖 공덕장엄과 청정한 불국토의
대승법락을 누리게 될 것이다

(칭찬정토불섭수경)

삼보에 귀의 하옵고,
지중하신 아미타부처님
인연에 감사드립니다.

부처님께서 일체중생을
제도하시기 위해 설하신
경전과 불서들을 법공양 올리오며,
문서포교에서 문서로 전하는 법공양은
지면을 이용하느라 부득이 나무의 은혜를 입게 됩니다.

책은 나무로 만들기에 나무에게 빚을 질 수밖에 없습니다.
자연의 은혜로 전하게 된 소중한 말씀들인
이 법공양 읽고 지혜를 얻으시고 그냥 보관하시기
보다는 주변의 지중한 인연들에게 정성으로
전하고 또 전하여서 많은 이들이
다 함께 큰 이익이 되셨으면 좋겠습니다.

그리 하신다면 삼보에 은혜를 갚고
무한 혜택을 주는 자연의 빚을 갚는 일이 되실 것입니다.

금생에 꼭 반드시 왕생 해탈성불 발원!
나무아미타불!

사후 사십구재 극락왕생 법공양 발원문

불쌍한 아버지시여!
어려서부터 소아마비를 앓아 평생 운동 한번 제대로 못하시고
공중목욕탕 한 번도 가지 못했던 가련한 아버지시여!
불편한 몸을 이끌고 우리 삼형제를 키우기 위하여 50년 넘게
이발소를 운영하면서 생계를 책임져야 했던 아버지시여!
평생 고생만 하시고 본인을 위해 돈을 써보지도 못하고 여행
한 번 제대로 가지도 못하고 10평 남짓한 허름한 이발소에서
평생을 사신 아버지시여!
늦은 연세에 불교에 귀의하여 영인 스님의 나무아미타불 정근이
좋다고 매일 핸드폰으로 틀어 놓고 잠을 청했던 아버지시여!
이제 이 고단한 윤회의 세계를 벗어나서 부디 편안하고 안락한
극락으로 가시길 간절히 발원합니다.

아미타 부처님이시여!
제가 느끼는 이 혈육의 정이 윤회를 끊는데 가장 큰 방해물이라
하더라도 가련한 저희 아버지 옥천후인 조양웅 영가님을
불쌍히 여기시어 부디 이 법공양 올리는 인연 공덕으로
극락왕생 할 수 있도록 보살펴 주시옵소서.
나무아미타불 나무아미타불 나무아미타불

법공양 동참기도 발원재자
임오생 지순덕, 정해생 황명숙, 병오생 조영동,
정미생 조춘동, 경술생 밀행 조민동, 무오생 김혜인, 기축생 조경민

비구니 혜명 공경합장 배례
나무아미타불 나무아미타불 나무아미타불!

아미타불 48대원

- 무량수경 · 아미타경과 정법개술

1판 1쇄 펴낸날 2015년 5월 25일
1판 4쇄 펴낸날 2022년 3월 17일(미타재일)

번역 연관스님 · 보정거사
발행인 김재경 **기획** 김성우 **편집** 이유경 **디자인** 문지원 **마케팅** 권태형 **제작** 다신문화사
펴낸곳 도서출판 비움과소통
　　　　경기도 평택시 목천로 65-15, 102동 601호
　　　　전화 031-667-8739, 팩스 0505-115-2068
　　　　이메일 buddhapia5@daum.net
출판등록 2010년 6월 18일 제318-2010-000092호

ⓒ 연관스님 · 보정거사, 2015
ISBN 978-89-97188-72-7 03220